Martha Alicia Chávez es una reconocida psicóloga, con especialidades en Psicoterapia familiar sistémica, Programación neurolingüística, Hipnoterapia Ericksoniana y Terapia en alcoholismo y adicciones. Numerosos profesionales de la salud utilizan sus libros como base para su trabajo terapéutico y para impartir cursos y talleres. Sus obras son textos obligados en las bibliotecas de diversas universidades e instituciones educativas. El positivo impacto que genera proviene de una vasta experiencia profesional y de un honesto compromiso con su propio crecimiento interior. Es autora de los exitosos *Tu hijo, tu espejo, Todo pasa… y esto también pasará, Te voy a contar una historia, En honor a la verdad, Hijos tiranos o débiles dependientes, 90 respuestas a 90 preguntas, Mamá te quiero; papá te quiero, consejos para padres divorciados, Hijos invisibles, Hijos gordos, ¡Con golpes no!, Cómo una mujer se convierte en bruja y un hombre en bestia.*

EN HONOR A LA VERDAD

EN HONOR A LA VERDAD

El autoengaño y la autenticidad

MARTHA ALICIA CHÁVEZ

Grijalbo

El papel utilizado para la impresión de este libro ha sido fabricado a partir de madera procedente de bosques y plantaciones gestionadas con los más altos estándares ambientales, garantizando una explotación de los recursos sostenible con el medio ambiente y beneficiosa para las personas.

En honor a la verdad
El autoengaño y la autenticidad

Primera edición: junio, 2006
Segunda edición: abril, 2018
Tercera edición: abril, 2025

D. R. © 2006, Martha Alicia Chávez Martínez

D. R. © 2025, derechos de edición mundiales en lengua castellana:
Penguin Random House Grupo Editorial, S. A. de C. V.
Blvd. Miguel de Cervantes Saavedra núm. 301, 1er piso,
colonia Granada, alcaldía Miguel Hidalgo, C. P. 11520,
Ciudad de México

penguinlibros.com

Penguin Random House Grupo Editorial apoya la protección del *copyright*.
El *copyright* estimula la creatividad, defiende la diversidad en el ámbito de las ideas y el conocimiento, promueve la libre expresión y favorece una cultura viva. Gracias por comprar una edición autorizada de este libro y por respetar las leyes del Derecho de Autor y *copyright*. Al hacerlo está respaldando a los autores y permitiendo que PRHGE continúe publicando libros para todos los lectores.

Queda prohibido bajo las sanciones establecidas por las leyes escanear, reproducir total o parcialmente esta obra por cualquier medio o procedimiento, incluyendo utilizarla para efectos de entrenar inteligencia artificial generativa o de otro tipo, así como la distribución de ejemplares mediante alquiler o préstamo público sin previa autorización.
Si necesita fotocopiar o escanear algún fragmento de esta obra diríjase a CeMPro
(Centro Mexicano de Protección y Fomento de los Derechos de Autor, https://cempro.org.mx).

ISBN: 978-607-385-779-6

Impreso en México – *Printed in Mexico*

A la VERDAD...

A mi amado padre Pedro Chávez Solís[†]
A mi amada madre Margarita Martínez Salceda
Quienes me enseñaron mucho sobre la integridad

ÍNDICE

Introducción 13

CAPÍTULO 1: VERDADES SOBRE LOS HIJOS

¡Por favor, no uses a tus hijos! 28

Cobrando "facturas" por medio de nuestros hijos 28

Usando a nuestros hijos como excusa 37

Cómo usamos a nuestros hijos en el divorcio 41

Usando a nuestros hijos para llenar nuestros vacíos . . . 44

Usando a los hijos como distractores 54

Otras verdades sobre los hijos 56

Capítulo 2: Verdades sobre la pareja

Tu pareja no "te hace" nada…
sólo bailan la misma danza 83
Las mujeres en la relación de pareja 87
Los hombres en la relación de pareja 95
El sexo en la pareja 100

Capítulo 3: Verdades sobre el dinero

El dinero, ¿maldición o bendición? 109
El dinero y la envidia 121
El dinero y la culpa 124

Capítulo 4: Verdades sobre asuntos sociales

Otras verdades inconfesables: la envidia 183
Aprovechar la envidia para crecer 190
Las despreciables excusas 192
La falta de compromiso 196
¿Cómo vamos a "salvar" al mundo? 199

INTRODUCCIÓN

Cuando yo tenía cuatro años (téngase en cuenta que fue hace 43), una compañerita de escuela me dijo en secreto que cuando las mujeres crecíamos, cada mes nos salía sangre por el ombligo. Otra me dijo que su papá había pescado una enfermedad cuando abrió la ventana del avión en el cual viajaba. Una más me contó que en las vacaciones de verano había ido a Europa en camión y otra me dijo que la Luna era de queso... y yo les creí.

Luego crecí y conocí *la verdad*: que las mujeres no menstruamos por el ombligo, que las ventanas de los aviones no se pueden abrir, que es imposible ir de América a Europa en camión (a menos que éste vaya dentro de un trasatlántico) y que la Luna no es de queso. Cuando adolescente, muchos adultos me dijeron que todos los hombres son infieles, que las "buenas mujeres" no debemos disfrutar nuestra sexualidad y que el dinero echa a perder a la gente... y yo les creí.

Cuando conocí *la verdad*, supe que muchos hombres son infieles (y mujeres también) pero muchísimos no, que las "buenas mujeres" podemos disfrutar intensamente nuestra sexualidad y que el dinero puede ser una sublime y luminosa bendición en la vida. Y crecí más y más (si bien no de estatura sino del alma, del corazón y de la mente) y descubrí —aunque no soy la primera ni la única que lo ha hecho— que las personas mentimos a otras, pero más quizá a nosotros. Que, aunque en general todo esto es inconsciente, distorsionamos los hechos, negamos nuestros sentimientos, ocultamos nuestros motivos y nos diseñamos máscaras para esconderlos detrás.

Descubrí también que, aunque esas mentiras enferman y causan desasosiego, las inventamos no porque seamos malos, sino porque tenemos miedo... mucho miedo a ser rechazados, criticados y abandonados, porque creemos que, al ser lo que somos, al sentir lo que sentimos y al desear lo que deseamos, seremos indignos de amor.

Comprendí también y me convencí de que una condición para crecer, sanar y vivir en paz es dejar a un lado el autoengaño y volvernos genuinos y honestos con nosotros. La honestidad con los demás vendrá por añadidura; pero el paso más trascendente, liberador e importante que he dado en este sentido fue cuando decidí comprometerme con la vida a dejar de autoengañarme y reconocer la verdad detrás de mis acciones, mis elecciones, mis motivos, mis palabras y mis sentimientos. Y al ver esta verdad sagrada —aunque no siempre me gusta lo que veo—, mis miedos sanan y mis desasosiegos se aquietan.

Al comprobar en mí el impresionante poder liberador y sanador que tiene reconocer *la verdad* detrás de lo que hago y digo, así como las verdaderas intenciones y motivos de mis actos, me he convertido en una especie de propagadora, profundamente interesada en mostrar a otros las enormes recompensas traducidas en paz y libertad interior, que trae consigo decidir ser valientes para reconocer *la verdad*. Cuantos más años pasan y más personas acompaño por medio de mi trabajo profesional, más me convenzo de ello.

Aunque veo con tristeza que pocas personas son valientes para reconocer esa *verdad*, me alegra saber que al haberte interesado en leer este libro, tú eres una de ellas. Éste es un libro sobre autenticidad y una invitación a vivenciarla y comprobar su poder sanador.

De la *verdad* se dice que no es absoluta, sino relativa, que cada quien tiene la suya. ¡De acuerdo!, pero a la que me refiero en este libro no es a ésa que cambia según como la interpreta quien la percibe, sino a la que *es*.

La *verdad* es una fuerza poderosa que abre, que rompe, que reconstruye y sana y que ¡*siempre*!, tarde o temprano, surge a la superficie, tan clara y poderosa como es. Se me antoja compararla con los cadáveres que arrojan al río o al mar en un intento por ocultar el crimen "para siempre", pero que tarde o temprano salen a la superficie a contar su historia. Así es la *verdad*... siempre sale a la superficie y se nos muestra cara a cara, una y otra vez, hasta que decidamos verla y aceptarla. Su poderosa fuerza no ceja, ni mengua, hagamos lo que hagamos y tardemos lo que tardemos en reconocerla.

Permíteme ahora invitar a los "grandes" a que ocupen este espacio para ayudarnos a comprender mejor esto:

> La verdad que hace al hombre libre es, la mayoría de las veces, la verdad que el hombre prefiere no ver.
>
> HERBERT AGAR

> Presta atención a cada repulsión involuntaria que surge en tu mente: es la superficie de una verdad central.
>
> RALPH WALDO EMERSON

> No deberíamos sentirnos ofendidos cuando la gente nos oculta la verdad, si con tanta frecuencia nos la ocultamos a nosotros.
>
> LA ROCHEFOUCAULD

Nos parecemos mucho a Pilatos. Siempre estamos preguntando ¿cuál es la verdad? Y luego crucificamos la verdad que se posa frente a nuestros ojos.

THOMAS MERTON

Todas las verdades reprimidas se vuelven venenosas.

FRIEDRICH NIETZSCHE

Tal es la irresistible naturaleza de la verdad, que todo lo que ella pide y todo lo que ella quiere es la libertad de mostrarse.

THOMAS PAINE

La verdad, para la abrumadora mayoría de los seres humanos, no se diferencia de un dolor de cabeza.

H. L. MENCKEN

La verdad toca a la puerta y tú le dices: "Vete de aquí, estoy buscando la verdad". Y entonces ella se aleja, desconcertada.

ROBERT M. PIRSIG

La verdad nunca llega envuelta con delicadeza.

THOMAS POWERS

La verdad duele, pero sólo cuando tiene por qué doler.

DICHO AMERICANO

La verdad os hará libres.

JESUCRISTO

Confirmado sea, pues…. *el autoengaño enferma, mientras que la verdad sana y libera*. Reconocido sea, pues… Yo me autoengaño, tú te autoengañas y, aun así, seguimos siendo maravillosos seres humanos.

Por favor, no te sientas culpable o despreciable al reconocer que de muchas formas te autoengañas y al ver las *verdades* que te serán reveladas cuando decidas dejar de hacerlo. Conocerás tus monstruos interiores y también tus ángeles, tu oscuridad y tu luz, porque detrás de lo que hacemos, decimos o elegimos hay con frecuencia motivos oscuros y enfermos, pero también sublimes y luminosos. Lo que hace la principal diferencia entre un ser humano sano y maduro y uno inmaduro y enfermo es la disposición a reconocer ambos.

Carl R. Rogers llama *colapso psicológico* a esa especie de *shock* cargado de ansiedad, que experimenta una persona cuando descubre una *verdad* sobre sí misma, de la cual no se había dado cuenta hasta entonces. Es decir, la persona tiene determinado concepto de sí misma y alguna situación que le sucede le muestra áreas de su persona que creía no tener, o la hace reaccionar y comportarse de una manera en la que creía que no era capaz.

Cuando se experimenta un *colapso psicológico* (el cual es un maravilloso aunque con frecuencia incómodo medio para crecer y conocernos mejor), hay un momento clave en el cual, digámoslo así, la persona tendrá que elegir entre dos alternativas: reconocer esa verdad que se le ha atravesado por enfrente, o levantar más defensas para "reacomodar" las cosas y seguir manteniendo su misma imagen y autoconcepto. La primera alternativa sana, mientras que la segunda enferma y quita la paz.

Cuando una persona elige negar la *verdad* sobre sí misma, que la vida le muestra, descalificará la fuente de donde ésta proviene (ya sea un terapeuta, un libro, un amigo o cualquiera otra), culpará a otros por lo sucedido y hará lo que sea necesario para mantener las cosas como estaban.

Tal vez, como muchos, te cuestiones si vale la pena "rascarle" para encontrar esa famosa *verdad* de la que estoy hablando. ¿Para qué ver cosas que duelen, incomodan y molestan? ¡Para vivir en paz, amigo mío! ¡Para estar sano de cuerpo, mente y sentimientos! ¡Para experimentar el júbilo y la libertad interior que sólo se puede tener cuando somos honestos con nosotros! Yo nunca cambiaría todo esto por la absurda, frágil y engañosa seudocomodidad que da el autoengaño.

Todos experimentaremos muchas veces en la vida esos *colapsos psicológicos* cada vez que ante alguna situación nos "sale" claramente una parte de nuestra sombra de la que no estábamos conscientes o, dicho de otra forma, un defecto que creíamos no tener; o cada vez que reconocemos lo que está detrás de muchos de nuestros actos, palabras, sentimientos y decisiones, lo cual nos moverá el concepto que tenemos de nosotros. Ese colapso será mayor en la medida en que tengamos más resistencia a ver nuestros defectos. Ojalá, cuando esto suceda, lo aprovechemos para conocernos mejor, crecer y madurar.

Y al paso del tiempo, en la medida en que practiquemos la autenticidad y la honestidad con nosotros, en la medida en que nos atrevamos a reconocer esas con frecuencia incómodas verdades, nos molestará y dolerá menos descubrir nuestros monstruos interiores. Vamos perdiendo la necesidad de mantener ante nosotros y ante los demás una imagen de "perfectos" y abrazamos con respeto a esos monstruos, a sabiendas de que simplemente son partes nuestras que necesitan ser sanadas, pero que no nos hacen menos valiosos o indignos de ser amados.

Sólo cosas maravillosas y buenas resultan de la *verdad*.

La amarga verdad
y sus benditos efectos

Recuerdo una ocasión cuando viajaba con mi maestro. El jefe de la estación de ferrocarril de un pueblo por el que pasamos se me acercó y me dijo: "Señor, dame algo para practicar y te prometo que lo seguiré fielmente".

Mi maestro me dijo: "Dale algo definitivo para practicar". Yo le respondí: "¿Cómo puede un ciego guiar a otro ciego?, será mejor para él que tú lo instruyas".

Entonces mi maestro le indicó: "A partir de este día no mientas; practica esta regla fielmente durante los próximos tres meses".

La mayoría de los empleados de la estación del ferrocarril en esa área eran deshonestos y aceptaban sobornos, pero este hombre decidió que él ya no aceptaría sobornos ni mentiría.

Esa semana, un supervisor fue a investigarlo a él y a sus ayudantes. El jefe de la estación respondió honestamente a las preguntas del supervisor. Esta investigación trajo serios problemas al personal. Todos los empleados que habían aceptado sobornos, incluido él mismo, fueron procesados. Él pensó: "Sólo han pasado treinta días y mira las dificultades en las que estoy. ¿Qué me irá a suceder en tres meses?"

Pronto, su esposa e hijos lo abandonaron. En un mes, su vida se había derrumbado como una casa de cartón con un simple toque.

El día en que el jefe de la estación estaba en esa gran agonía, mi maestro y yo nos encontrábamos a 300 millas de distancia, a la orilla de un río llamado Narbada. Mi maestro estaba acostado bajo un árbol cuando repentinamente comenzó a reír. Me dijo: "¿Sabes que el hombre al que le aconsejé no mentir está ahora en la cárcel?"

Le pregunté: "Entonces ¿por qué te ríes?" y él me respondió: "No me río de él, ¡me río de lo tonto que es el mundo!"

Doce personas en la oficina de ese hombre se reunieron y dijeron que él era un mentiroso, aunque había dicho la *verdad*. Ellos lo acusaron de ser el único culpable de aceptar sobornos. Dejaron libres a los demás y a él lo llevaron a la cárcel.

Cuando fue a la corte, el juez lo miró y le preguntó: "¿Dónde está tu abogado?"

"No necesito uno", le respondió el hombre.

El juez dijo: "Pero yo quiero que alguien te ayude".

El jefe de estación respondió: "No, no necesito abogado, quiero decir la verdad. No importa cuántos años me ponga tras las rejas, yo no mentiré. Yo solía aceptar sobornos, luego conocí a un maestro que me dijo que nunca mintiera sin importar qué pasara. Mi esposa e hijos me dejaron, he perdido mi empleo, no tengo dinero o amigos y estoy en la cárcel. Todas estas cosas han pasado en un mes. Tengo que examinar la verdad por dos meses más, sin importar lo que suceda. Señor, si me pone tras las rejas no me importa".

El juez ordenó un receso y llamó al hombre a su oficina y le preguntó: "¿Quién es el maestro que te dijo eso?"

El hombre lo describió. Afortunadamente, el juez era un discípulo de ese maestro. Absolvió al jefe de la estación y le dijo: "Vas por el camino correcto. Aférrate a él. Yo desearía poder hacer lo mismo".

Al terminar los tres meses, el hombre no tenía nada. El día exacto en que se cumplieron los tres meses, él estaba sentado tranquilamente bajo un árbol cuando recibió un telegrama que decía: "Su padre tenía una gran parcela de tierra que hace mucho tiempo fue tomada por el gobierno, el cual ahora quiere darle una compensación". Le dieron un millón de rupias (alrededor de 100 000 dólares). Él no sabía nada acerca de esa tierra, que estaba en otra provincia y pensó: "Hoy he completado los tres meses sin mentir y he recibido una gran recompensa".

Dio la compensación a su esposa e hijos y ellos dijeron felizmente: "Queremos regresar contigo".

"No", dijo él, "hasta ahora sólo he visto lo que pasa por no mentir durante tres meses. Ahora quiero averiguar qué pasará si no miento el resto de mi vida."

La *verdad* es la meta última de la vida humana y si es practicada con la mente, la palabra y la acción, la meta podrá ser alcanzada. La *verdad* podrá ser alcanzada si practicamos el no mentir y si dejamos de realizar aquellas acciones que van contra nuestra conciencia.

La conciencia es la mejor de las guías.

Traducido de *Living with the Himalayan Masters*, Swami Rama, Himalayan International Institute of Yoga, Science and Phylosophy of the U.S.A., 1978, Honesdale, Pensilvania, pp. 64-66.

CAPÍTULO 1

VERDADES SOBRE LOS HIJOS

Para una exploración profunda de este tema, quiero invitarte a revisar los conceptos que trato en mi libro *Tu hijo, tu espejo*, que se refieren a la parte inconsciente de la relación padres-hijos. Debido a que ahí los expongo ampliamente, en este espacio sólo hablaré de un aspecto que me conmueve y duele sobremanera y que desafortunadamente se presenta de modo constante en nuestra vida. Estar conscientes de ello y comprender el daño que causa nos ayudará a dejar de hacerlo… si así lo decidimos.

¡POR FAVOR, NO USES A TUS HIJOS!

Como seres humanos que somos, cargados de defectos y de virtudes, de sombra y de luz, llevamos a cabo constantemente este tipo de comportamientos tramposos y oscuros: usamos a nuestros hijos para castigar a otros, para vengarnos de algo, llenar nuestros vacíos o justificar nuestros comportamientos y decisiones. Pero para vivir en paz, crecer interiormente y poder liberar a nuestros amados hijos de las cargas que esta actitud impone sobre sus espaldas, es preciso que reconozcamos esta verdad: *¡los padres usamos a nuestros hijos!*

COBRANDO "FACTURAS" POR MEDIO DE NUESTROS HIJOS

Las madres contra los padres

Este comportamiento es, lamentablemente, muy común en las relaciones de pareja: las madres con mucha frecuencia cobran a sus esposos "las que les deben", hablándoles mal de su padre a sus hijos y logrando con esto que ellos lo rechacen, desprecien y hasta odien.

Las madres que se hacen las pobres víctimas y están constantemente criticando a su marido y "dando la queja" a sus hijos de todo lo que ese "monstruo" les hace, logran, sin lugar a dudas, el propósito que tienen: convencer a sus hijos de que ella es la buena y su padre es el malo, con los consecuentes sentimientos que los hijos desarrollan hacia él. Esto funciona... ¡tremendamente bien!; en efecto, el "malvado" padre tiene su merecido y recibe su castigo, porque es muy doloroso para un padre sentirse rechazado por sus hijos y saber que ellos, lejos de admirarlo, lo desprecian; lejos de amarlo, le muestran de muchas formas su desamor, que hasta llega a convertirse en odio.

Si eres una de esas madres, sabrás muy bien que esa estrategia funciona para cobrarte las que tu marido te ha hecho, pero permíteme hablarte de las consecuencias que esto tiene: los hijos, sean hombres o mujeres, ¡por su propio bien!, por su salud mental y emocional, *¡necesitan!* amar a su padre, estar cerca de él, tener el permiso de admirarlo y tienen el derecho a todo ello. Cuando has ensuciado su imagen ante ellos, cuando les has envenenado el corazón convenciéndolos de que él es un ser malo y despreciable, tus hijos reciben este claro mensaje que no les dices con palabras, pero que todos entienden: "¡Prohibido amar a su padre! Si lo aman a él, me traicionan a mí; ¿cómo van a amar a ese monstruo que me hace sufrir tanto?"

Y los hijos entran en una angustiante y dolorosa paradoja que los daña profundamente, la cual, si le ponemos palabras, diría algo así: "Necesito amar a mi padre, pero si lo hago, pierdo a mi madre; y si amo a mi madre, pierdo a mi padre".

Para un hijo, no tener el permiso de amar a los dos y verse obligado a elegir entre amar y tener a uno o al otro es una de las situaciones en la vida más dolorosas y dañinas.

No me digas, por favor, lo que muchas veces he oído: "Ay, yo no les digo que odien a su padre o que está prohibido amarlo". ¡Claro que no! ¡Por supuesto que no lo dices con esas palabras! (eso sería, por cierto, menos dañino), pero créeme que tu mensaje encubierto les llega claramente y responden a él.

Un paciente me mostró una hermosa y conmovedora carta que le escribió a su padre, aquejado por una enfermedad terminal, y me autorizó para exponer en este libro un párrafo, en el cual le decía:

Lo que más lamento, lo que desgarra de dolor mi corazón es que hasta que fui adulto pude ver que no eres malo como me enseñaron a creer. Hasta hace poco pude entender tu profundo dolor por mi rechazo y por mi falta de respeto y de amor hacia ti. Tú te irás y yo me quedo devastado de tristeza por no haberte tenido, por haber vivido como huérfano sin serlo; por no haber sido capaz de ver lo valioso que eres; porque me alejé y cerré para ti las puertas de mi vida. Y ¡te necesitaba tanto! ¡Cuántos años desperdiciados! Que Dios me ayude a sanar el coraje que siento hacia mi madre por haberme envenenado contra ti.

Eso sucede, mi querida lectora. El veneno que creamos se nos regresa, el resentimiento que sembramos en el corazón de nuestros hijos se vuelve contra nosotros. La vida es así... es simple ley causa-efecto.

Para comprender otra de las nocivas consecuencias que conlleva esta situación que estamos tratando y la trascendencia que tiene, cabe recordar que, así como la madre es el primer modelo femenino tanto para las hijas como para los varones, el padre es también el modelo masculino para ambos. Criticarlo, ensuciar su imagen, mandar a los hijos el mensaje de que es malo, tonto, inútil, etc., les dificulta enormemente su proceso de desarrollo psicosexual. Explico esto como sigue:

Alrededor de los 3 a 4 años, los niños y las niñas entran en una etapa de su desarrollo, en la cual se lleva a cabo el proceso de identificación con su rol sexual, como mujeres u hombres. Para que esto sea posible, necesitan un modelo deseable con el cual identificarse, que generalmente son la madre y el padre.

En el caso del varón, éste comienza a imitar a su papá, quiere vestirse, rasurarse y perfumarse como él y llevar a cabo las actividades o pasatiempos que el padre realiza. Juega a que él es también panadero, ejecutivo, carpintero, médico, chofer o cualquiera que sea la ocupación que el padre desempeña. Esto es un maravilloso proceso que ocurre de manera natural en esta etapa de la vida. Pero si al niño se le ha envenenado el corazón y la mente con ese mensaje de: "tu padre es malo o tonto", entonces se le dificultará enormemente este proceso de identificación, ya que el niño no querrá tomar como modelo a ese monstruo perdedor. ¿Quién querría parecerse a él?

Entonces si tú, la madre, eres la buena y el padre el malo, ¿con quién crees que se va a identificar tu hijo?, ¿a quién crees que se querrá parecer? ¡A la mujer, por supuesto!, porque es la buena, maravillosa y superior y el padre el malo e inferior. Esto luego se generaliza: "Las mujeres son superiores, los hombres inferiores"… ¡pero resulta que él es hombre!… ¿te das cuenta?

Ello le perjudica la vida, le dificulta sobremanera el proceso de identificación con su rol psicosexual como hombre, y lo mínimo que resultará de ello es una sensación de no estar bien al ser tal, una dificultad para sentirse valioso y merecedor al serlo, una profunda creencia de que el ser hombre significa ser inadecuado y malo como su padre o, más bien dicho, como le dijeron que era su padre.

Tu hijo, entonces, no podrá tomar la energía y la fuerza masculina de su padre, y los hombres necesitan hacerlo para convertirse un día en adolescentes y luego en adultos exitosos, capaces, plenos y felices.

Por otra parte, en las hijas, tener esa imagen negativa e indeseable de su padre influirá dramáticamente en su proceso de elegir pareja cuando sean adultas. Para dejar muy clara esta idea, es necesario que comente lo que sigue: muy probablemente has escuchado que en el tema de pareja, de modo inconsciente buscamos o nos sentimos atraídos a alguien que se parece a nuestro padre o madre. Y no me refiero a un parecido físico (aunque a veces esto también ocurre e incluso a veces hasta se llama igual), sino más bien a que esa persona a la cual nos sentimos atraídos y con quien nos relacionamos como pareja funciona con los mismos patrones de relación y tiene los mismos rasgos de personalidad que encontramos en nuestros padres o en alguno de ellos.

Aunque a veces se maneja la idea de que las mujeres "buscamos" a un hombre parecido a nuestro padre y los hombres a una mujer parecida a su madre, en realidad esta atracción inconsciente no tiene que ver con el sexo de la persona, sino con cuál de sus padres tiene mayores conflictos no resueltos y heridas no sanadas. Esto significa que una mujer puede hacer un fuerte *click* con un hombre que se parece a su madre y un hombre con una mujer que se parece a su padre. Por ejemplo: si una persona tuvo en la infancia un padre o madre abandonador, abusivo, agresivo, emocionalmente lejano, etc., se sentirá atraída/o a una pareja que le "ofrezca" lo mismo, aun cuando esta situación le haya causado y le siga causando un profundo dolor. Y seguramente se pasará la vida tratando de cambiar a su pareja, sólo para llenarse de frustración, ira y dolor al encontrarse una y otra vez con la realidad de que no puede hacerlo.

Todo ello, que es inconsciente y poderosísimo, sucede por diversas y profundas razones, que resumiré en dos: una es, simplemente, porque constituye "el único paso que la persona sabe bailar", o sea, es el único patrón de relación que conoce. No sabe lo que es la vida con un padre o una madre amorosa, cercano(a), etc., y entonces "buscará" a una pareja que sepa bailar su misma danza. Virginia Satir, quien fue una "maga" de la terapia familiar y de pareja, dice al respecto:

> ¿Por qué elegiste al compañero(a) que tienes?, ¿habías encontrado las cualidades que él/ella tiene en tus propios padres?
>
> Las personas quieren a menudo una clase de matrimonio diferente al de sus padres, pero lo conocido genera una fuerza poderosa. La mayoría de las personas escogerán siempre lo conocido por más incómodo que resulte y no lo desconocido aunque sea mucho mejor.

La otra razón que nos impulsa fuertemente a sentirnos atraídos a esa determinada pareja es que mientras no hayamos sanado nuestras heridas de la infancia, existirá siempre dentro de nosotros ese niño herido que no pierde la esperanza, quien en un susurro secreto e inconsciente se dice a sí mismo: "Ya que no pude cambiar a mi padre/madre, haber si puedo cambiar a mi pareja. Lograrlo simboliza lograr cambiar a mi padre/madre. Haber si ahora que soy grande puedo hacerlo, ya que no pude en mi infancia".

E insisto: no puede, porque nadie puede cambiar a otra persona si ésta no quiere, porque al único que podemos cambiar es a uno mismo. Así, ahora podemos comprender por qué ensuciar ante nuestras hijas la imagen de su padre afectará su relación de pareja en el futuro. Lo mismo, por supuesto, es aplicable para los hijos varones.

LOS PADRES CONTRA LAS MADRES

Muchísimos padres también usan a sus hijos para cobrarse las facturas que su mujer les debe, mediante el mismo proceso de ensuciar su imagen y hacerla quedar como tonta, ignorante, mala y mil y un calificativos desagradables y ofensivos. Y no hay edad para esto: a veces comienzan desde que los hijos son bebés.

Conozco a una joven pareja con muchísimos conflictos. Tienen una hija de dos años y el padre descalifica constantemente a la madre ante ella. Cuando la madre da a la niña cualquier indicación, por ejemplo: "Cómete la verdura", el papá le refuta: "No te la comas, tu mamá está loca, no le hagas caso".

¡Si este padre supiera el daño tan grande que le hace a su hija! Pero… ¡lo sabe! ¡Lo peor del caso es que lo sabe!, porque familiares, amigos y hasta profesionales expertos se lo han dicho, pero no le importa. Su necesidad de perjudicar a su esposa es mucho mayor que su interés por el bienestar de su hija.

Un padre que desprestigia y descalifica a su mujer ante sus hijos de cualquier edad y que se burla de sus sueños, de sus opiniones o de su cuerpo (que, por cierto, se deterioró en gran parte por tener a sus hijos) está obstaculizando el proceso de identificación con el rol sexual de sus hijas.

Las niñas también, alrededor de los 3 o 4 años, experimentan este proceso de identificación con su madre, a quien imitan en sus roles al vestirse con sus ropas y accesorios y al jugar a hacer lo que ella hace. Cuando el padre desprestigia y sobaja a su esposa, las hijas se convencerán de que ser mujer es ser inferior e inadecuada, como lo es su madre, su modelo. La hija, entonces, no podrá tomar la energía femenina de su madre, y las mujeres *necesitamos* hacerlo para convertirnos un día en adolescentes y luego en adultas, plenas, satisfechas y felices.

A los hijos varones les afectará lo anterior también en su proceso de elección de pareja de la misma manera que sucede en el caso de las hijas, como ya expliqué en otros párrafos.

Por otra parte, es posible, por supuesto, que en verdad tu pareja tenga todos esos defectos que muestras a tus hijos y que te haya hecho mucho daño, pero eso es entre tú y él/ella, de modo que no corresponde a los hijos involucrarse. Es un territorio donde, por su bien, no debes llevarlos. Enfrenta tus problemas con tu pareja, arregla tus asuntos pendientes directamente y busca ayuda profesional si es necesario, pero, por favor, ¡no uses a tus hijos para vengarte!

Bien dicen que lo mejor que un padre puede hacer por sus hijos es amar, honrar y proteger a su madre, porque entonces ella estará en óptimas condiciones para prodigarles ternura, cuidados y amor. Y lo mejor que una madre puede hacer por sus hijos es respetar y honrar al padre de éstos, para que ellos se sientan libres, protegidos y seguros en la vida. ¿Quién no desea esto para sus hijos?, ¿por qué dejamos que el ego nos envenene y usamos a los hijos para agredir a nuestra pareja sin importarnos el daño que les causamos? Por favor, en la honestidad de tu corazón, respóndete esas preguntas.

USANDO A NUESTROS HIJOS
COMO EXCUSA

"Los niños ya tienen sueño" decimos a veces como una broma, cuando abiertamente queremos justificar el hecho de que ya queremos retirarnos de algún lugar. Estén o no presentes los niños, todo mundo entiende que en broma los usamos como excusa. Ojalá así de abiertas y claras fueran las otras ocasiones en que también lo hacemos.

Si eres una de las personas que se quejan constantemente de lo "malo" que es tu esposo/a, te pregunto: "¿Por qué sigues con él/ella?" Y tal vez me responderás lo que casi todos responden: "Por mis hijos".

No dudo de que lo anterior sea verdad, pero, por favor, reconoce que si de veras te importan tanto tus hijos hasta el punto de que "te sacrificas por ellos" tolerando una relación en la que dices sufrir mucho, entonces harías ¡*todo*!, hasta lo imposible por enfrentar y resolver tus problemas de pareja y dar a tus hijos un hogar donde crecer, en el que sus padres, en lugar de gritarse, rían; en lugar de odiarse, se amen; en vez de ensuciar su imagen mutuamente, se respeten; en vez de generar estrés y angustia, generen paz y seguridad.

¿No será que hay otras razones para que sigas en esa relación, que no tienen nada que ver con tus hijos y todo que ver con tu conveniencia o ganancias secundarias? En una ocasión, ante sus constantes quejas y actitud de víctima respecto a su "malvada" esposa, pregunté a un paciente con dos hijos adolescentes cuál era la razón por la que seguía con ella. Obviamente me respondió que por sus hijos. Me dijo: "Martha, ya que mis dos hijos son adolescentes y varones, si me separara lo mejor para ellos sería que vivieran conmigo. ¿Y cómo voy a dejarlos sin madre?"

Luego siguió con su lista de quejas y unos minutos después me dijo: "¡Cómo quisiera que ella conociera a algún hombre, se enamorara y se fuera con él!"

"Si eso sucediera, ¿no te importaría que tus hijos se quedaran sin madre?", le pregunté. "¿No será que lo que quisieras es que ese hombre viniera a 'hacerte la tarea' y entonces tú quedarías ante los ojos de los demás como héroe, como el pobre hombre cuya malvada esposa te abandonó con todo e hijos por irse con otro, en lugar de asumir tu propia responsabilidad con su consecuente culpa, por tomar tú mismo la decisión de separarte?"

Una hermosa mujer se quejaba de su marido con mucho coraje porque él, decía ella, simplemente la usaba: "Me usa para lucirse conmigo en la calle y en los eventos de la importante compañía donde trabaja; me usa para que le cocine y le tenga al día sus elegantes trajes. No le importo yo, no me ama, sólo me necesita, sólo me usa".

Ya sabes lo que respondió cuando le cuestioné las razones por las que seguía con él: "Por mis hijos". Le pedí que se tomara unos momentos para responder y que fuera verdaderamente honesta consigo misma al hacerlo: "Me da pena, Martha, pero la verdad es que yo no me sabría mantener sola. Estoy con él porque me mantiene y ¡muy bien!", me respondió.

La felicité por su honestidad y le dije: "¿Quién es entonces el malo y quién el bueno? Tú lo usas para que te mantenga y él te usa para esas cosas que comentas. No hay víctima ni verdugo, simplemente un juego que los dos están jugando, usándose mutuamente. ¿Por qué no cambias tu percepción de la situación y la ves como que todo lo que te hace es simplemente el precio que pagas a cambio de que te mantenga?"

Así, muy probablemente cada uno encontrará verdades de este tipo cuando usemos a nuestros hijos como excusa para justificar el hecho de quedarnos en esa relación enferma. Por favor, reconócelo… ¿No será que "aguantas" por la necesidad de que te mantengan, por el miedo a vivir solo, porque tienes una imagen social que cuidar, por la comodidad económica en la que vives, por el apellido importante que esa relación te da y que quieres conservar a cualquier precio o hasta por simple flojera?

No estoy promoviendo que te separes, sino te estoy invitando a ser honesto(a) contigo mismo/a y tomar tu responsabilidad de seguir en esa relación porque así te conviene, en vez de usar a tus hijos como excusa.

¡Es muy importante reconocer esas verdades!, porque si pones sobre tus hijos la pesada carga de que sufres en tu relación y te aguantas "por ellos", les generarás una culpa que no les toca, que no es justa porque no es cierto. Si esa culpa hablara diría: "Mi madre/padre está sufriendo, pero se aguanta y se sacrifica por mí. Por mi culpa no puede ser feliz". Y hasta llegas a creértela y generas un resentimiento hacia ellos: "Por mis hijos estoy aquí sufriendo… me deben algo", e inconscientemente se las vas a cobrar.

Déjame decirte lo siguiente: ¡*se vale*! Se vale que sigas en esa relación porque de mil y una formas te conviene; lo que no se vale es seguir quejándote. Por favor, date cuenta, no te engañes, no uses a tus hijos para justificarlo. Así también, una madre o padre que ha sufrido la pérdida de su pareja por divorcio o abandono, con todo el dolor que esto conlleva, puede igualmente usar a sus hijos como excusa para no involucrarse en otra relación, porque tiene miedo a sufrir. Y en vez de enfrentar ese miedo y sanarlo o por lo menos reconocerlo, adjudica a sus hijos la responsabilidad, al decir que por ellos no se casa de nuevo o se involucra en otra relación. Sobra decir que ésta también es una pesada carga para los hijos, quienes, consciente o inconscientemente, se sentirán culpables por estar impidiendo la felicidad de su madre o padre.

CÓMO USAMOS A NUESTROS HIJOS EN EL DIVORCIO

El divorcio es una situación muy compleja que amerita ser tratada en un libro completo, el cual, por cierto, escribiré una vez que termine éste. Pero lo que en este espacio nos concierne es cómo usamos a nuestros hijos en tal circunstancia.

Cuando escucho a las parejas divorciadas o en proceso de divorcio hablarme de esos juegos sucios que se hacen por medio de sus hijos, les digo con todo el corazón que piensen siempre en la forma como éstos los dañan. Por ejemplo: puede ser que una mamá no permita que el padre de sus hijos tenga contacto con ellos si él no le da dinero, si no cumple con ciertas condiciones o simplemente porque tiene mucho coraje hacia él, sin importarle que sus hijos lo necesiten o lo extrañen.

Los hijos necesitan y *tienen el derecho* a estar cerca de su padre y de su madre, mientras que los padres *no tenemos el derecho* a quitárselo. La única circunstancia en la que es válido no permitir a uno de los padres (divorciados o no) estar en contacto con sus hijos ocurre cuando así lo recomiendan profesionales psicólogos o psiquiatras, debido a que ese padre tiene conductas peligrosas o patológicas que ponen en riesgo la integridad, la vida o la salud psicológica de los niños.

Por su parte, algunos padres aprovechan cada ocasión en que ven a sus hijos para hablarles mal de su mamá y envenenarles el corazón. Así también, muchos padres divorciados, como una forma de castigar y agredir a su ex esposa, le retiran el dinero para la manutención de sus hijos o le dan cantidades ridículas, sin importarles cómo afecta eso a sus hijos, quienes se verán privados de diversiones, oportunidades de estudio e infinidad de cosas que son buenas para su bienestar y su desarrollo.

Por otro lado, esos hijos, en vez de estar con una madre tranquila y relajada, se hallarán con una angustiada y preocupada por los gastos que recaen totalmente sobre sus espaldas. Además, la madre de sus hijos tendrá que salir a trabajar para mantenerlos y los dejará solos muchas horas. Por otra parte, los hijos son un compromiso sagrado que adquirimos con la vida; abandonar ese compromiso les enseña a hacer lo mismo.

Sí señores, indudablemente no dar dinero o darle una miseria a su ex esposa es una infalible forma de castigarla, pero también castigan a sus hijos más allá de lo que se imaginan. Asimismo, los hijos de padres divorciados están con frecuencia sumergidos en la misma paradoja en que se hallan muchos hijos de padres no divorciados, de la cual hablábamos en párrafos anteriores: "Si quiero a mi mamá, pierdo y traiciono a mi papá; si quiero a mi papá, pierdo y traiciono a mi mamá".

En ocasiones, también los hijos son usados como "mensajeros" e "informantes": "Dile a tu papá… dile a tu mamá… Pregúntale esto o aquello; ¿sale con alguien tu papá?, ¿qué hace tu mamá los fines de semana?, ¿quién le llama por teléfono?, ¿qué dijo cuando vio mi coche nuevo?, ¡No le vayas a decir tal cosa!…, etc.". Todo ello pone a los hijos en una situación muy dolorosa y difícil porque los obligamos a chismear, traicionar, mentir, a guardar secretos sucios y a crear alianzas patológicas.

A veces, durante el proceso legal del divorcio, los divorciantes ponen en la *traumática* situación de llevarlos a testificar contra uno u otra en el juzgado, para lograr que les pase dinero, quitarle la casa o para conseguir la patria potestad.

Te lo digo de nuevo: por favor piensa en la forma como dañas a tus hijos con esos juegos. Toma decisiones y lleva a cabo acciones maduras y sanas para resolver los problemas con tu pareja o ex pareja, entendiendo de una vez por todas que esa tarea no les toca a tus hijos.

En una situación de divorcio, los hijos necesitan tener el permiso y la puerta abierta para estar en contacto con ambos padres. No tienen que perder a uno de ellos. Quienes desean separarse son los miembros de la pareja y eso no es problema de los hijos, como tampoco lo son todos sus acuerdos o desacuerdos de aquéllos. Ya los hijos tienen suficiente con su propio proceso de duelo, para agregar más carga a sus espaldas.

USANDO A NUESTROS HIJOS PARA LLENAR NUESTROS VACÍOS

En una ocasión, una pareja de golondrinas me honró al escoger mi cochera para construir su nido y criar a sus hijitos. ¡Aprendí tanto de las familias humanas al observarlos!

Día a día fui testigo del maravilloso proceso de construcción del nido y luego del fascinante nacimiento y crianza de los pajaritos. Vi cómo éstos se acercaron despacio al momento de dejar el "nido vacío": primero salían del nido sólo por unos segundos, revoloteando alrededor y regresando a la tibia seguridad de lo conocido. Días después ya se iban más lejos a explorar el mundo, pero regresaban al cabo de unos minutos. Luego sus ausencias eran más largas y me hacían pensar que ya se habían ido para siempre... pero regresaban.

En cierto momento ya no cabían todos en el nido: les quedaba tan chiquito, que algunos dormían con medio cuerpo afuera. Al paso de los días, sus excursiones por el mundo se fueron haciendo más largas, hasta que un día ya no regresaron... y el nido quedó vacío. Nuestros hijos hacen lo mismo. En la medida en que crecen, sus actividades y su tiempo fuera de casa se incrementan. Sus alas se van haciendo más grandes y fuertes y su deseo de volar bulle en su interior con más fuerza cada vez. De modo paulatino se vuelven más independientes, pasan cada vez más tiempo fuera de casa en actividades escolares o laborales, con sus amigos o pareja... pero regresan. Tal vez se vayan a un viaje largo: seis meses, un año... pero regresan.

Llega un día en que nuestro nido les queda chiquito; sus sueños los llaman muy fuerte y tienen que seguirlos. Y entonces ahora sí se van... y con ellos se van sus pertenencias, sus cosas amadas que albergamos en el hogar por muchos años... y el nido queda vacío.

Todos sabemos que lo anterior es una experiencia fuerte, que los extrañamos y a veces lloramos de nostalgia. Esto es normal, porque también sabemos que ésa es la ley de la vida y que está muy bien que se vayan. Deseamos que se realicen, que sean felices, que experimenten la vida, que vuelen por el mundo con alas fuertes y grandes. Sin embargo, por desgracia, hay padres y madres con grandes vacíos en el corazón, con tan enorme soledad y falta de sentido de vida que no los dejan volar. Que en lugar de pulirles las alas para que se hagan fuertes y brillen bajo la luz del sol, se las cortan para mantenerlos siempre dentro del nido; para que no vuelen lejos, para que, cuando mucho, se asomen y revoloteen alrededor, pero se queden ahí para siempre a llenarles sus vacíos y su soledad... Y entonces el nido se vuelve cárcel.

Cuando una madre o un padre no tiene una vida propia, cuando a lo largo de su vida se ha olvidado de sí mismo y su único sentido de vida lo ha establecido alrededor de sus hijos, se convertirá en uno de esos padres y madres que cortan alas, que no dejan crecer, que castran psicológicamente, porque no tienen vida propia sin sus hijos, no saben qué hacer con su tiempo y su energía sin ellos. A veces esta actitud es muy sutil, está tan disfrazada que no se nota; parece apoyo o hasta unión familiar, pero en realidad es una incapacidad para soltar a los hijos, para dejarlos crecer y prepararlos para volar.

Hay padres y madres que, aun cuando los hijos ya se han casado, los siguen atorando cerca de ellos para que les llenen la vida, por ejemplo: les compran una casa al lado, a espaldas, a la otra cuadra de la de ellos o, pero aún, les construyen un departamento en la planta alta o en algún lugar del terreno donde se encuentra su casa. Establecen esa famosa "comida familiar semanal" que a veces no es semanal, sino diaria, y la madre literalmente "vive" para ello. La mayor parte de su tiempo y energía la usa planeando el próximo menú, el arreglo de la mesa, la compra de los ingredientes y preparando la comida. Llevan a su hijo/a casado y a su cónyuge a todos los viajes que los padres realizan, porque evaden estar juntos y solos, porque tienen demasiadas facturas por cobrarse y muchos resentimientos negados y reprimidos que no desean contactar y que surgirán con fuerza si están solos.

Como dije antes, todo esto puede parecer apoyo o unión familiar y tal vez lo sea, pero para que quede muy claro si se trata de lo uno o lo otro, yo te pregunto: ¿cuál es tu reacción cuando tus hijos te dicen que no irán a la comida familiar o al viaje al que los invitas? O, más aún, ¿se atreven siquiera tus hijos a decirte que esta semana no irán a la comida o que no irán al viaje al que los invitas?

Si tus hijos tienen miedo a decirte que no (aunque a fin de cuentas lo hagan), o si tu reacción ante esto (la muestres o no) es de enojo, frustración, depresión, o si tal vez los haces sentir culpables diciéndoles que "van a desintegrar la familia" o que ya habías comprado, cocinado o reservado el hotel, entonces, créeme, no se trata de apoyo o de unión familiar, sino de tu necesidad de mantenerlos cerca y bajo control, con el fin de que llenen tus soledades y vacíos.

Una madre tiene una hija casada que vive con su esposo en un departamento que ella y su marido les construyeron en el enorme jardín trasero de su casa. La hija y su esposo van a comer todos los días a casa de sus padres... y a desayunar... y a cenar. La hija dice que para qué ensucia su cocina y se molesta en cocinar y la mamá dice que quiere "apoyarlos".

Esta madre ha cortado las alas de su hija, que se mantiene atorada en una etapa infantil, que no quiere crecer y tomar responsabilidades adultas porque así ella está cómoda y su mamá feliz de que siga siendo una niñita dependiente e inmadura para mantenerla cerca.

Lo anterior parece cómodo y bueno ¿verdad?, pero los integrantes de la familia no son felices, porque el impulso interno del ser humano por evolucionar reclama y duele; se estanca y se pudre y la vida no está completa. La madre nutridora y amorosa debe modificar sus formas, sus cómos, por amor y respeto a la evolución de sus adorados hijos.

Una joven pareja que asistió a terapia conmigo pasaba por una difícil situación de este tipo. El padre de él, médico, estaba de veras pasándose de la raya en su afán de "ayudarlos". Tenían un año y medio de casados y no habían podido embarazarse. Desde hacía algunos meses, el padre les había conseguido citas con diferentes ginecólogos y expertos en fertilidad, consultas a las cuales el padre entraba con ellos.

Luego comenzó a entrometerse de tal forma en su intimidad, que él mismo llevaba el control de las fechas en que su nuera tenía su menstruación. En los días en que ella estaba en periodo de fertilidad, llamaba a su hijo y lo agobiaba con recomendaciones como: "hoy hagan el amor, hijo; ojalá que puedas más de una vez porque cuantos más espermatozoides le deposites, será mejor. Acuérdate de esa postura que te dije…" A la mañana siguiente llamaba para preguntar: "¿hicieron el amor?, ¿cuántas veces?, ¿qué posturas?", etc. Y así cada mes.

Aunque al principio su hijo y nuera lo tomaron con calma y lo entendían como que quería ayudarlos, al paso de los meses estaban ¡hartos! Y aunque esta intromisión del padre empezaba a causar muchos problemas entre ellos, también tenían mucho miedo a ponerle límites, porque sabían que eso causaría una tragedia familiar, y así sucedió. Cuando le manifestaron su deseo de que los dejara en paz y la forma como se sentían con su actitud, el papá se enojó, reclamó, se indignó y los tachó de malagradecidos y malos hijos.

Los padres que cortan alas se enojan cuando sus hijos les ponen límites o se salen de su yugo controlador. También impiden a sus hijos hacer un viaje, salir con amigos, irse a otra ciudad a estudiar o hasta casarse. Y si los hijos lo hacen, se sienten traicionados, molestos y deprimidos.

Muchas veces, esas prohibiciones no se expresan con palabras, sino con innumerables tipos de chantajes, como enfermarse cuando se van, lamentarse de lo solo/a y triste que está, o de lo ingrata que es la ley de la vida, que hace que los padres nos sacrifiquemos por los hijos y luego simplemente ellos se van y nos dejan solos.

Los padres que pulen y fortalecen las alas están preparando a sus hijos para la vida, para que sean capaces de lidiar con cualquier situación y de sobrevivir a cualquier tempestad, cerca o lejos de ellos. Y este proceso de pulir y fortalecer las alas comienza desde que nace el hijo.

Un antiguo y sabio dicho afirma que un signo de que has sido un excelente padre o madre es que llegue el momento en que tus hijos no te necesiten. Cuando he mencionado este dicho en una conferencia, algunas personas expresan un leve gemido de tristeza, porque hemos asociado el amor a la necesidad y suponemos que si no nos necesitan es porque no nos aman, pero no es así. La necesidad no tiene que ver con el amor. El amor maduro implica desear estar con alguien no porque lo necesitemos, sino porque queremos compartir lo que somos y tenemos. Por tanto, el amor maduro respeta y honra el derecho del ser amado a crecer, aprender y ser.

Nuestros hijos se van cuando llega el momento, pero siempre existirá esa conexión de amor entre nosotros. Vendrán a visitarnos cuando esté bien para ellos, se mantendrán en contacto, estaremos siempre en su corazón como ellos siempre estarán en el nuestro.

¡Es muy importante que, además de nuestra vida con nuestra amada familia, tengamos intereses y una estimulante vida propia! Esto se traduce en llevar a cabo actividades personales que no tienen nada que ver con nuestros hijos, por ejemplo: momentos y actividades de pareja en los que ellos no intervengan y no estén presentes y, más aún, actividades personales en las que ningún miembro de la familia participe, como un deporte, un curso, un grupo de amigos, una terapia personal, una labor social, un pasatiempo, etcétera.

Eso que te motiva en la vida estará ahí para ti y perdurará aun si te quedas solo y, por otra parte, beneficia a toda la familia porque estarás más sano y de buen humor. Para nuestros hijos es maravilloso tener padres motivados, con una vida propia, que no dependan de ellos para hacérsela y llenarles los espacios día a día, porque, nos guste o no, nuestros hijos no vinieron al mundo a llenar nuestros vacíos, a ver qué se nos ofrece o a cumplir nuestras expectativas. Ellos tienen su propio camino que caminar, su propia historia que escribir, sus propios sueños que realizar.

Los padres de hijos en etapa de "volar" —el famoso momento del "nido vacío"— pueden echar mano de una gran cantidad de recursos para enfrentar este proceso, entre ellos crear un proyecto de vida personal y hacer "rituales"[1] de despedida que faciliten el paso de una etapa a otra.

---

[1] En terapia se llama *ritual* a cienos actos específicos en los cuales se utilizan diversos símbolos con un objetivo bien claro y que han de lle-

Cuando viví ese proceso hace alrededor de un año, compré dos enormes y hermosos globos de gas con la forma de pajaritos que tomé como símbolos de mis dos hijos. Y bajo un hermoso y despejado cielo azul, envié bendiciones llenas de luz y amor a mis hijos y solté los globos. También le escribí una carta a la "madre joven" que un día fui. A la que cuidó a sus hijos cuando eran pequeños y estaba enfrentando el momento de soltarlos. Quiero compartir contigo esa carta:

> Esta madre que ahora soy, de 45 años, valiente y feliz realizadora de sueños, te habla a ti, hermosa madre joven, de aquellos hijos tuyos que en su día fueron bebés, niños y adolescentes.
>
> Quiero expresarte mi admiración, respeto y gratitud.
>
> Fuiste una buena madre, amorosa, comprometida y entregada en tu honroso compromiso con la vida, el compromiso de ser la *madre* de esas dos hermosas, maravillosas y benditas almas que te eligieron y elegiste para traer al mundo, guiarlas, cuidarlas, amarlas y caminar con ellas por la vida.
>
> Lo has hecho muy bien. Mucho de lo que soy ahora como mujer, madre y profesionista te lo debo a ti, a tu arduo tra-

varse a cabo en una forma, un momento y un lugar determinado para potenciar su efecto.

bajo, a tu valentía que venció los retos y los obstáculos que encontraste en el camino.

Sin embargo, ahora es momento de un cambio creativo y saludable, de esos que permiten avanzar, evolucionar, volverse más sabio y luminoso. De esos que también cuestan y causan incomodidad y miedo, pero sin los cuales la vida no estaría completa y el ser interior reclamaría más tarde por no haberlo dejado mostrar todo su potencial.

El momento de ese cambio ha llegado. La madre nutridora y amorosa debe modificar sus formas, sus comos, por amor y respeto a la evolución de sus adorados hijos.

Es tiempo ya de que tus hermosos pajaritos vuelen del nido… El nido que los acogió durante años ahora les queda chico. Y antes de que ese nido amoroso se convierta en cárcel, los pajaritos extenderán sus alas, esas alas que has cepillado con tanto amor durante estos años, que has nutrido y fortalecido, que has hecho brillar a la luz del sol.

Sus alas doradas se extenderán y emprenderán el vuelo de la vida… que los espera con los brazos abiertos para mostrarles, como lo ha hecho siempre, el sagrado sendero que ya tiene sus huellas impresas, que ya ha sido trazado en las estrellas y que deberán seguir.

Entreguémoslos ahora, madre joven, protectora, adoradora, abrazadora, nutridora, apoyadora, comprometida… Entreguemos ahora a nuestros amados hijos a su verdadera madre: *la vida, la madre divina*, para que los lleve, como siempre lo ha hecho, cubiertos bajo su manto de estrellas y luz... Un millón de soles los esperan, un millón de lunas los invocan, un millón de estrellas los aguardan, para llevarlos a recorrer toda la vida.

Gracias, hermosa madre joven. Tu misión terminó y la tomo yo ahora... yo, madre madura que lanza a sus adorados hijos a la vida. Has hecho un gran trabajo, madre joven... descansa en la paz que da la *misión cumplida*; entrégame la estafeta, que yo me haré cargo.

Y el sagrado día de Dios en que los pajaritos salgan del nido ahí estaré yo y ahí estarás tú, presenciando la partida y recibiendo los honores de la vida. Y lloraremos juntas... lloraremos de gozo y de tristeza... La tristeza de verlos partir y el gozo de saber que *eso es para bien*.

Gracias, amada madre joven, gracias por todo. Te amo, te honro, te bendigo y estoy muy orgullosa de ti. Con todo mi amor y respeto.

USANDO A LOS HIJOS COMO DISTRACTORES

Nuestros hijos pueden fungir como grandes distractores sobre los cuales desviamos nuestra atención para no ver realidades que no nos gustaría enfrentar. Por ejemplo, puede ocurrir que en una familia los padres tengan grandes conflictos de pareja que no han querido reconocer y mucho menos enfrentar. Serán entonces el típico estilo de pareja que nunca sale sin hijos, que los retiene de todas las formas posibles para que estén siempre a su alrededor, como si inconscientemente supieran que si se quedan solos, brotarán esos conflictos reprimidos y negados entre ellos.

Algunas veces, esos padres les generan mucha culpa a sus hijos cuando no quieren ir con ellos a comer o a un viaje, y con esto logran convencerlos para que no los dejen solos, corriendo el riesgo de que surjan todos sus resentimientos, insatisfacciones y facturas por cobrar, que no desean ver. Por eso algunas parejas se divorcian justamente cuando llega el momento del "nido vacío". Los distractores se han ido, *tienen* que verse frente a frente e inevitablemente surgirá todo lo que por años han evadido.

Los amigos y la familia, con gran sorpresa, suelen decir a esas parejas: "¡Pero cómo es posible! ¿Por qué se divorcian ahora después de 20 o 30 años?"

Muy frecuentemente, como lo comento en mi libro *Tu hijo, tu espejo*, un hijo es capaz de desarrollar algún tipo de síntoma, que puede ser un problema de conducta o una enfermedad física, con el fin de distraer a sus padres de sus problemas de pareja reprimidos y negados. En casos como éste, la comunicación de la pareja gira alrededor de ese hijo, el cual inconscientemente sabe que tiene que mantener su síntoma para seguir distrayendo a sus padres de sus fuertes conflictos no reconocidos ni resueltos, y así mantener el equilibrio de la familia.

OTRAS VERDADES SOBRE LOS HIJOS

Los padres tenemos miedo con mucha frecuencia; por lo tanto, educamos con miedo y con gran incongruencia entre lo que decimos, pensamos, hacemos y sentimos, lo cual refuerza dicho miedo. Introducimos en la mente y las emociones de nuestros hijos toda clase de dudas y temores respecto a la vida, porque estamos llenos de ellos.

¿Qué es lo que tememos?

- Que nuestros hijos consuman alcohol o drogas.
- Que los rapten o secuestren.
- Que tengan un accidente: los atropellen, se ahoguen o choquen.
- Que tengan problemas con la ley.
- Que los violen, golpeen o hasta los maten.

Siempre me sorprende cuánto miedo tiene la mayoría de los padres a que les pasen cosas terribles a sus hijos y cuánto influye esto en su vida, en su manera de educarlos, en sus estados emocionales y, por consiguiente, en los de sus hijos.

Nadie puede negar que todas esas cosas terribles son factibles de suceder; de hecho, suceden todos los días. Basta con leer un periódico o escuchar los noticieros para comprobarlo. Indudablemente, es posible que sucedan, pero también que no. De hecho, estadísticamente hablando, las probabilidades de que *no* sucedan son mayores que las de que sí sucedan. ¿Por qué entonces vivimos con ese constante temor?

Con base en mi experiencia como madre y en mi práctica profesional acompañando a cientos de padres en psicoterapia, cursos, talleres y conferencias, he llegado a concluir que hay ciertas razones muy específicas por las cuales los padres vivimos con mucho miedo y educamos con él. Hablemos de ellas:

LA BRECHA GENERACIONAL

Esta brecha lleva a los adultos a descalificar a los jóvenes y a suponer que están mal, algo así como "echados a perder" y que en sus tiempos las cosas eran mejores. Veamos:

No veo esperanza para el futuro de nuestro país si éste ha de depender de la juventud frívola de hoy, ya que ciertamente todos los jóvenes son precipitados más allá de toda descripción… cuando yo era niño, fuimos enseñados a ser discretos y respetuosos con nuestros mayores, pero actualmente los jóvenes son extremadamente necios, carentes de valores e intolerantes de cualquier freno.[2]

¿Cuándo crees que fue escrito esto? Si te dijera que lo leí en un periódico esta mañana o lo escuché de voces de expertos en un panel de radio o televisión el día de ayer, seguramente me lo creerías, porque suena ¡muy actual! De seguro lo has escuchado muchas veces y quizá hasta tú mismo lo has expresado.

Pues bien, esto fue dicho por el filósofo Hesíodo ¡hace 2 800 años!

Los padres de nuestros tatarabuelos, bisabuelos y abuelos decían lo mismo. Los padres de nosotros también. Y esos jóvenes "echados a perder" que preocupaban a nuestros padres a fines de los años sesenta y durante los setenta somos los adultos maduros de hoy: buenas personas, trabajadores y dignos ciudadanos de nuestra sociedad. La brecha generacional genera, pues, esa tendencia a criticar y descalificar a los jóvenes, y sucede en cada generación a lo largo de la historia.

Los jóvenes de cada generación no están mal, sino simplemente, por una parte, muestran el proceso evolutivo natural, con base en el cual es inevitable que tengan diferencias

---

[2] Citado por Marco Antonio Pérez Mora en el periódico *Público*.

respecto a la generación anterior, en todos los aspectos de su persona. Por otra parte, cada generación de jóvenes tiene nuevos retos y problemas que enfrentar y solucionar, diferentes de los de la generación anterior.

Los mayores retos y problemas a los que nuestros jóvenes de hoy tienen que hacer frente son, desde mi punto de vista, los que siguen:

- *El alcohol y las drogas.* El apabullante bombardeo que los medios de comunicación ejercen sobre los jóvenes "invitándolos" a consumir alcohol y drogas, presentados como un elemento indispensable para divertirse, socializar y disfrutar la vida, es impresionante. Por otra parte, tal vez nunca antes había existido tal cantidad de drogas y tan accesibles y disponibles para ellos.

- *La tecnología*: que pareciera que avanza más rápido de lo que nuestra naturaleza humana puede adaptarse a ella. Es muy común ver a jóvenes verdaderamente "atrapados" en esta vorágine, sintiéndose inferiores o hasta angustiados y preocupados porque su *laptop* de 10 meses de antigüedad ya está obsoleta y su compañero tiene una mejor, o porque su celular, en vez de tener video, cámara digital y 85 melodías para timbre, tiene sólo 10 y no hace ninguna de las otras funciones.

Creo que los jóvenes de hoy tienen que estar muy alertas para no ser "atrapados" por ninguna de las situaciones mencionadas. Necesitan, más que nuestra crítica y juicio constante (porque ¡cómo los criticamos y enjuiciamos!), nuestro apoyo, que se traduce en proporcionarles información, ponerles límites bien claros y, sobre todo, amarlos inmensamente.

La tendencia a ver "el lado oscuro de la vida"

Me llama fuertemente la atención esta tendencia que los seres humanos tenemos; por una parte, se manifiesta en el hecho de que casi siempre notamos lo que las personas a nuestro alrededor "hacen mal" o lo que la vida misma tiene de "malo", según nuestra interpretación de lo que es bueno o malo.

Constantemente hablamos a nuestros seres queridos de lo que no nos gusta, de sus defectos, de sus errores y muy pocas veces de lo que sí nos gusta y de sus cualidades. Nos enfocamos en su sombra en lugar de en su luz.

Si vamos a un negocio de cualquier tipo y nos dan un mal servicio, llamamos al gerente y nos quejamos, pero no les expresamos nuestro reconocimiento y gratitud a las personas cuando nos dan un buen servicio. Así también, vemos cómo los medios de comunicación nos muestran constantemente y con lupa el lado oscuro de la vida, de la sociedad y de los seres humanos y muy poco el lado luminoso. Al final de cada año, nos muestran un "resumen" del año que termina: cuántos asesinatos hubo cuántos secuestros, robos de autos, a bancos y a casas-habitación y otros aspectos del lado oscuro. Y yo me pregunto: ¿por qué no nos hablan de las cosas buenas que sucedieron en el año, es decir, del lado luminoso de la vida y de los seres humanos?

Hace poco coincidí con la doctora y escritora Ángela Marulanda en un congreso al cual ambas fuimos invitadas como expositoras, en noviembre de 2004. En esos días, andaba en boga la noticia de una madre que había asesinado a sus hijos.

Según me enteré (porque yo desconocía la noticia hasta ese momento), cada noticiero y cada periódico la repetía una y otra vez, dando en cada ocasión más detalles del hecho. La doctora Marulanda decía: "Por cada madre enferma que asesina a sus hijos, hay millones de madres que los aman, los cuidan, superan muchos obstáculos y enfrentan grandes retos para sacarlos adelante. ¿Por qué no nos hablan también de esas madres, aunque sea de vez en cuando?"

Vivimos en un planeta polar y, por lo tanto, tienen que existir ambas partes: frío, calor; oscuridad, luz; bondad, maldad; hombre, mujer; salud, enfermedad; día, noche; polo positivo, polo negativo. Entonces, como decíamos en párrafos anteriores: es verdad que existen todas esas cosas oscuras y terribles, pero también las luminosas y maravillosas. No obstante, *elegimos* enfocar nuestra atención en la parte negativa y oscura de la vida.

Esta tendencia es, pues, un importante factor que hace que los padres vivamos con mucho miedo y eduquemos a nuestros hijos con el temor y por medio de él.

LA FALTA DE FE Y DE CONFIANZA

a) *La falta de fe y de confianza* en que nuestros hijos son más sabios, fuertes y capaces de lo que creemos y que podrán encontrar sus propias respuestas y soluciones y salir adelante en las etapas difíciles de su vida.

b) *La falta de fe y de confianza* en nuestra manera de educarlos, porque no acaba de quedarnos claro a los padres que los hijos aprenden de lo que *somos* no de lo que *decimos*, que los valores se les enseñan *siendo* eso que queremos que ellos sean, y no hablándoles de los valores.

En una ocasión, cuando yo tenía 9 años, sucedió algo que marcó profundamente mi vida y estará grabado en mi memoria y en mi corazón por el resto de mi existencia: mi padre tenía un negocio de ropa y yo estaba ahí una tarde. Esa tarde, cuando llegué, vi que había un sofá nuevo y empacado que no recuerdo de dónde salió. Una de las empleadas del negocio pidió a mi padre que se lo vendiera. Él le puso un bajo precio que ella aceptó y acordaron que se lo iría pagando poco a poco, dándole la cantidad que pudiera cada quincena. Yo observaba atenta la "negociación".

Al poco rato llegó un proveedor, quien, después de arreglar sus asuntos comerciales con mi padre, le preguntó qué hacía ahí ese sofá. Él le respondió y luego el proveedor le dijo: "¡Qué barato se lo está vendiendo, don Pedro! Mejor véndamelo a mí; le doy un poco más de dinero y se lo pago de una vez".

Yo, en mi mente de niña, pensé: "¡Qué maravilla, qué bueno es esto para mi papá!"; casi se me antojó aplaudir y dar un par de brincos de alegría.

Pero, para mi gran sorpresa, mi maravilloso padre le respondió: "¡Claro que no! ¡Ni pensarlo! Yo ya hice un acuerdo con mi empleada".

El proveedor insistió y le dijo: "Pero, don Pedro, usted ni siquiera va a disfrutar ese dinero, puesto que se lo va a dar poco a poquito y, además, yo le ofrezco más".

Mi hermoso padre, con toda la fuerza de su integridad, le respondió: "¡No, señor!, ¡de ninguna manera! ¡Yo tengo palabra… y ya la di!"

¡No hay palabras para describir lo que sentí! Mi padre se hizo enorme ante mis ojos ¡y lo admiré mucho! Lo vi como un héroe… como un dios. Tal vez la palabra más adecuada que encuentro para describir lo que sentí es simplemente: ¡Guau!…

La integridad de mi padre ha sido siempre una inspiración para mí. La aprendí de él y también de mi madre, de los cientos de actos de integridad que vi en ellos.

Mi padre murió el año pasado. Por fortuna, hace unos años le hablé sobre este evento del sofá y de lo mucho que esto había impactado mi vida. Él ni siquiera lo recordaba; ni siquiera se dio cuenta de lo importante que fue para mí en el momento en que sucedió; de hecho, ni siquiera se enteró de que yo estaba ahí poniendo atención a cada palabra y detalle. De la misma forma, tus hijos están constantemente captando, en diversos niveles de conciencia, lo que haces y dices: si regresas el cambio que te dan de más o te lo quedas; si aclaras en el restaurante cuando se les olvidó incluir en la cuenta un platillo de los que comiste o te haces el occiso; si dices *la verdad* o mientes; si cuando cometes un error lo aceptas y pides disculpas, o si inventas excusas para justificarte o para culpar a otro. Así es, pues, como se enseñan los valores a los hijos: no hablando, sino *siendo*.

El tema de los valores está de moda. En todos lados escuchamos hablar de ellos y numerosas instituciones de todo tipo ofrecen cursos de valores y cosas por el estilo. ¡Qué bueno! Eso es maravilloso y una gran aportación a la familia y a la sociedad. Sin embargo, es muy importante que comprendamos en su más amplio y profundo significado lo que es un valor. Un valor es mucho más que una creencia o una preferencia: es una fuerza interna que nos conduce y nos mueve a actuar y a ser. A menudo suponemos que tenemos determinado valor y en realidad no es tal, sino sólo una creencia.

Para que un valor sea eso, es necesario que cumpla con ciertas condiciones:

- *La persona es congruente* con ese valor en lo que hace, dice, piensa y siente.
- *La persona lo afirma, sostiene y muestra* tanto en privado como en público y no cambia según las circunstancias o las personas con quienes interactúa.
- *La persona ha elegido ese valor de manera consciente* y por propia voluntad, y no porque alguien le dijo o enseñó que debe ser así para que no nos lleven a la cárcel o al infierno.
- *Teniendo varias alternativas, la persona elige* la que es congruente con el valor que ella tiene, por ejemplo: una persona que tiene el valor de la honestidad se encuentra una cartera con los datos del propietario bien claros en la tarjeta de identificación. Tal vez por un momento se le ocurra quedarse con ella porque quizá necesita el dinero, pero su valor de honestidad prevalece y *decide* regresarla. Alguien que tiene el

valor de la fidelidad tal vez se vea fuertemente atraído a cierta persona; quizá la oportunidad de una aventura se le presenta servida en charola de plata; tal vez por unos momentos duda si tomarla o no, pero su valor de fidelidad prevalece y *decide* ser fiel.

- *La persona aplica ese valor a sí misma.* O sea, si es honesta, justa, comprometida, solidaria o fiel con otros, también será honesta, justa, comprometida, solidaria y fiel consigo misma. Esta característica es para mí la "prueba de fuego" para saber si realmente se tiene ese valor que se dice tener, o si éste es sólo una creencia o preferencia.

c) *La falta de fe y de confianza* en el poder superior en el que "decimos que creemos". A esto le llamo *incongruencia espiritual.*

Este factor es una causa poderosa de que vivamos con miedo y eduquemos igual. Somos, por lo general, muy incongruentes respecto a nuestras supuestas creencias espirituales, filosóficas, morales, religiosas o como cada uno decida llamarlas. Por ejemplo: ¿qué haces cuando tus hijos salen de casa a la escuela, al trabajo, a un viaje o a cualquier otro lugar? Probablemente los bendices y les dices algo como: "que Dios te acompañe". Y yo te pregunto: ¿por qué entonces te quedas con miedo y preocupación de que les pase algo?, ¿será que en realidad no crees en que esa bendición que les das es justamente eso: una bendición del amor divino que les bajas del cielo y que los envuelve, los guía y los protege a dondequiera que van?, ¿para qué entonces haces el "teatrito" de la bendición si no vas a confiar en que sirve?

Muy probablemente también oras por tus hijos. ¿Realmente crees en que tu oración los protege y les ayuda? ¡Cómo quisiera que revisaras todo esto honestamente! Porque, si en verdad creyéramos en lo que decimos que creemos, no viviríamos tan preocupados por nuestros hijos. Nos ocuparíamos de darles información sobre la vida, instruirlos respecto a cómo cuidarse y qué hacer para protegerse en diversas circunstancias, supervisaríamos a dónde van, por qué medio, con quién, etcétera… y luego los soltaríamos felices y seguros de que están guiados y protegidos por ese poder superior que invocamos cuando los bendecimos y oramos por ellos, el cual, por cierto, ten por seguro que los guía y los protege mejor de lo que podemos hacerlo nosotros.

La madre de una exitosa profesional que viaja mucho por cuestiones de trabajo vive eternamente preocupada por su hija. Cada vez que sale a uno de sus frecuentes viajes de negocios, la madre se lamenta y expresa de mil y una formas su preocupación. Un día la señora me dijo: "¡Ay, cómo me preocupa esta hija mía con sus viajes. Todo el día rezo por ella y le mando bendiciones!"

Yo le respondí: "Señora, ¡qué hermoso que usted le está enviando bendiciones y oraciones todo el día! ¡Qué afortunada es su hija! Pero, ¿por qué entonces no confía en que sus bendiciones la cuidan y ayudan?"

La madre me respondió: "¡Ay, Martha, es que hay tanta gente mala en el mundo!" "¡Y también tanta gente buena!", le contesté.

Si no confías en que bendecir a tus hijos y orar por ellos sirve de algo, ¡mejor ni te canses haciéndolo! Sin embargo, hay una cruda realidad que no podemos perder de vista: a algunos hijos, con todo y las bendiciones y oraciones de sus padres, les suceden cosas... a veces terribles. ¿Cómo explicarnos eso?, ¿cómo responder a una madre que en una ocasión me dijo: "Mi hija le ha rezado a su Ángel de la Guarda toda su vida desde niña. ¿Dónde estaba el Ángel cuando ella estaba siendo violada por tres hombres, de lo cual resultó este bebé que traigo en mis brazos?"

Y ¿cómo responderle a la niña de 8 años que, muy enojada y desilusionada, confrontó a su mamá al decirle: "Son mentiras que nuestro Angelito existe y nos cuida. ¿Por qué no nos cuidó cuando esos ladrones te arrebataron tu bolsa y nos empujaron en la calle?"

Tú tendrás tu respuesta, tu explicación para estas cosas de la vida, así como yo tengo la mía. Si no la tienes... búscala... la respuesta que te llene el corazón, porque es necesario tener una para vivir en paz y mantener la confianza. "Buscad y encontraréis" prometió el Maestro Jesús.

Otra faceta de esa "incongruencia espiritual" la encontramos en el hecho de que decimos que creemos, pero la mayoría de la gente tiene pánico de oír, leer o de alguna forma entrar en contacto con ideas y creencias que son diferentes de las suyas y evade —a veces radical y hasta dramáticamente— cualquier contacto con personas, libros o cualquier otra fuente que las presente.

Si tienes miedo a oír cosas diferentes de aquellas en las que crees, ¿no será que tus creencias están "prendidas con alfileres"? Cuando verdaderamente crees en algo, no hay por qué temer, nada podría tumbártelo. Es más, hasta te puede resultar interesante escuchar otros puntos de vista que, a fin de cuentas, pueden enriquecer tu creencia o incluso reforzarla y confirmarla, para terminar diciéndote a ti mismo: "Bueno, es interesante, pero esto no va conmigo. Definitivamente no estoy de acuerdo".

Una condición necesaria para que nos volvamos personas congruentes y auténticas es que nuestras creencias sean el resultado de nuestro libre albedrío y de nuestra convicción, en lugar de ser el producto de la imposición de alguien que nos dijo que así *debe* ser y en eso *debemos* creer. Las creencias que resultan de esto son débiles y volátiles.

Para llegar a ese estado maduro de autenticidad y congruencia en relación con nuestras creencias, con frecuencia es necesario pasar por una etapa de dudar, cuestionar, "desaprender" y "descreer", para llegar a integrar ¡*de cuerpo entero, de a deveras y con toda el alma*! nuestras creencias. Así, necesitamos volvemos auténticos y congruentes, necesitamos *decidir* confiar y creer. La fe es una decisión, la decisión de creer y confiar, aun cuando las circunstancias externas parezcan ir en contra. Confiar y creer en:

- Que nuestros hijos son más sabios, capaces y fuertes de lo que suponemos.
- Que Dios y su alma tienen sus propios planes para nuestros hijos, los cuales a veces no coinciden con los nuestros.
- Que un poder superior (como cada quien le llame o lo conciba) los cuida y los guía.
- Que la justicia divina es perfecta y no sucederá nada que no tenga que suceder.
- Que todo lo que pasa es para bien.

Cuando hace algunos años decidí confiar, creer y dejar en manos de Dios todos los asuntos de mi vida, comenzaron a suceder cosas extrañas. Si me decía a mí misma: "Decido confiar en tal cosa", sucedía todo lo contrario. Entonces yo volvía a decidir, una y otra vez, que seguiría confiando. Un día de plano me desesperé y pregunté a Dios de manera muy directa por qué justamente cuando tomé la decisión de confiar, todo me resultaba patas hacia arriba.

Pedí una respuesta muy clara para poder entenderla… y me la dio. "Supe" con toda la certeza en mi corazón que cuando estamos trabajando en lograr un nuevo aprendizaje, paso u objetivo en nuestro crecimiento interior, la vida sabia y buena acomoda la realidad y nos pone las circunstancias para que podamos practicarlo y adquirir maestría en ello.

La escuela de la vida es como la escuela humana: cuando pretendemos adquirir un nuevo aprendizaje, el maestro nos pone muchos ejercicios para practicar, hasta que lo dominamos. Entonces las prácticas cesan, pues ya lo aprendimos. Asimismo, cuando hemos aprendido una lección o logrado ese nuevo aprendizaje de la vida, ésta deja de presentarnos las situaciones que nos permitan practicar, porque ya se ha logrado el objetivo…

¡Qué perfección!

CAPÍTULO 2

VERDADES SOBRE LA PAREJA

Seguramente todos sabemos que la relación de pareja despierta nuestros más oscuros monstruos y nuestros más luminosos ángeles interiores, que dolorosos sufrimientos y extasiantes gozos se pueden experimentar en la relación de pareja. Pero de lo que muy pocas personas se dan cuenta (o se quieren dar cuenta) es de que ésta es una experiencia sagrada que nos ofrece una poderosísima oportunidad de autoconocimiento y crecimiento interior, como —me atrevería a decir— quizá ningún otro tipo de relación nos ofrece. ¿Por qué? Porque en nuestra pareja nos vemos proyectados a nosotros mismos, de manera constante e infalible, "de cuerpo entero". Así es, todo lo que te molesta de tu pareja (o te fascina), todo lo que crees que "te hace", todo lo que ves en él/ella, es tuyo, tiene que ver con tu historia, es un reflejo de ti mismo.

El término *proyección*[3] es conocido por muchos, aunque, en mi opinión, la mayoría de las personas no están conscientes del maravilloso y profundo recurso que es la proyección.

Hace un par de meses vi un interesantísimo documental que se refería a diversos códices y libros ancestrales de sabiduría. Todos, de alguna u otra forma, expresaban la importancia de comprender y reconocer que todo lo que cada uno ve en los demás lo tiene en sí mismo. Pero lo que movió más fuertemente mis fibras fue un antiguo códice maya, el cual decía que un signo de crecimiento espiritual es que la persona sea capaz de darse cuenta y reconocer que los demás son espejos de sí mismo, y que no evolucionamos ni crecemos espiritualmente hasta que somos capaces de reconocer y aceptar esta verdad.

¡Qué fascinante! Una enseñanza profunda, una clave de vida mostrada por muchos sabios desde miles de años atrás, a la que luego, en las primeras décadas del siglo XX, el doctor Sigmund Freud le da un nombre: *proyección*,[4] la cual pone

---

[3] La proyección se refiere al mecanismo por el cual una persona atribuye a otra sus propios rasgos de personalidad, sentimientos, fantasías, carencias o pensamientos, ya que le resulta muy difícil reconocerlos en sí mismo. La persona ve en otro lo que le pertenece a sí misma.

[4] La proyección ocurre en todo tipo de relaciones entre las personas, no sólo en la de pareja; trataré otros interesantes aspectos de ella en el capítulo 4.

al alcance de todos para comprenderla y —digámoslo así— "bajarla" a la vida cotidiana. No obstante, todavía ¡muchísimos! se resisten a aceptar que esto es verdad y, más aún, se molestan cuando se les confronta con ello y lo rechazan rotundamente, porque, como decíamos en capítulos anteriores, es más cómodo suponer que soy la buena, la víctima, la correcta y el otro el malo, el tirano, el equivocado.

No hay posibilidad de un amor verdadero en la relación de pareja, si la conciencia de esta verdad no forma parte de nuestra vida cotidiana. Porque si existe esa conciencia, entonces tomo mi responsabilidad en lo que me sucede, dejo de culpar a mi pareja y, más aún, la honro, bendigo y agradezco porque me ayuda a ver las partes de mí que no he querido reconocer y que, por lo tanto, no he sanado.

Yo he hecho un compromiso con esta verdad, y cada vez que hay algo que mi amado hace y me molesta, o cada vez que lo juzgo o critico, con todo el dolor de mi ego me confronto a mí misma y me pregunto: ¿será que lo estoy criticando porque tengo envidia? o ¿será que yo hago esas cosas también? Infaliblemente la respuesta es sí a una de estas interrogantes (o a ambas).

¡Yo hago también esas cosas que me molestan en él! Tal vez de una manera más sofisticada y encubierta, y hasta podrían ser nombradas de otra forma, pero en el fondo son lo mismo. Así, cuanto más me molesta algo y más duramente juzgo, más fuerte está en mí ese algo y más negado y reprimido… o en su caso, mayor es mi envidia.

Hace poco, una persona muy cercana y querida manipulaba una situación, al contar cierta historia un tanto distorsionada y omitir ciertas partes para hacerla parecer de la manera que ella quería. ¿Las razones? Sustentar su postura de víctima.

Yo estaba muy molesta y juzgaba duramente su actitud. Mi molestia iba creciendo al paso de los días y yo seguía en mi actitud de juez. Una noche, hasta el sueño se me fue pensando en la situación, mientras mis vísceras se retorcían de indignación. Entonces me dije a mí misma: "algo debe haber aquí que no he querido ver, y por eso estoy tan enojada y afectada". En efecto, lo había y lo encontré: en ese preciso momento de mi vida, yo estaba haciendo lo mismo… ¡exactamente lo mismo!… contando una historia y omitiendo ciertas partes, para hacerla parecer como yo quería.

En cuanto me di cuenta, me invadió ese estado de paz que llega cuando uno ve *la verdad* y esa sensación de respeto y gratitud a la vida y a todas las personas que con su juego sucio me estaban mostrando mi juego sucio para que aprendiera mi lección.

Con frecuencia no me gusta lo que descubro. A veces me resisto a ver y dejo a mi ego evaluar la situación, porque el ego es experto en encontrar lo "malo" y enfocarse en ello para seguir viendo al otro como culpable y equivocado, y a uno mismo como inocente y correcto.

A veces me quedo varias horas o hasta varios días en ese espacio de mi naturaleza inferior, alimentando a mi ego con el juicio y la condena hacia el otro. Pero ahí dentro está dicha voz que, por fortuna, una vez que se despierta no se vuelve a apagar, esa que no me deja ya engañarme a mí misma y que cuando estoy en ese espacio oscuro no quiero escuchar y hasta me molesta que exista.

Nuestra pareja, pues, como un espejo de cuerpo entero, nos muestra *todo* sobre nosotros: conflictos no resueltos de la infancia, patrones de relación con nuestros padres; carencias, heridas, frustraciones y también áreas sanas y luminosas de nosotros.

Por medio de nuestra pareja, como comenté en el capítulo anterior, tratamos inconscientemente de resolver asuntos con nuestros padres y de sanar heridas de la vida. Así, todo es cuestión de percepción: si decido ver la situación desde los ojos del ego, entonces mi pareja "me hace" algo malo. Si decido ver con los ojos del alma que ve *la verdad*, entonces, me guste o no, sólo estoy viéndome a mí misma reflejada en él… ¡Punto!

Este asunto del ego y el alma del que tantos y mucho hablamos quiero mostrarlo en este espacio de la forma tan clara, gráfica y tangible como mi maestro de la vida, el doctor William Fairbank, me lo enseñó en alguna ocasión. Es una

Figura 1

explicación simplificada de esta profunda y antigua enseñanza, pero comprensible y fiel a su significado.

Como lo apreciamos en la figura 1, el *ego* (el cochero) va manejando los *impulsos, instintos y emociones* (los caballos), mientras que adentro del carruaje va el *alma*, que es el dueño, amo y señor, pero el cochero (el ego) no lo sabe. Ni siquiera está enterado de que su amo está adentro; es más, ni siquiera sabe que tiene un amo. El cree que él es el dueño y señor de los caballos y del carruaje completo y, por lo tanto, que están a su disposición.

Así, el sordo cochero que no escucha la voz de su amo que va adentro conduce el carruaje como le da la gana y lo lleva con frecuencia a desafortunados, peligros y equivocados destinos, *creyendo que sabe* cuál es la dirección, la forma y la velocidad correctas. Pero quien lo sabe es el amo, quien, por más que grita, no logra ser notado por el cochero.

Mediante las experiencias de la vida y con el trabajo interior que nos ayuda a crecer, el cochero finalmente se da cuenta de que tiene un amo sabio, que va adentro del carruaje y lo guía constantemente. Y poco a poco empieza a escuchar su voz y a obedecer sus mandatos. Sin embargo, aun cuando sabe que no es el amo y señor, el ego se resiste a dejar el poder; ¡lo ha tenido durante mucho tiempo! Ha gobernado a esos caballos a su antojo y, aun cuando los resultados de esto no han sido afortunados ni satisfactorios, y sí con frecuencia dolorosos, no quiere soltar su señorío. Así es el poder cuando no está envuelto en la luz del alma.

Lo anterior no significa que el ego sea malo; más bien, es nuestra personalidad y lo necesitamos para ir por la vida, pero debe entender, o debemos hacerle entender, que está al servicio del alma, porque no lo sabe; cree que es el amo y señor y permitimos que decida sobre nuestras elecciones y comportamientos tanto en nuestras relaciones como en todas las áreas de la vida. No nos extrañe, pues, que exista tanta infelicidad y angustia.

La relación de pareja es un territorio donde el ego se enseñorea en todo su esplendor. En una ocasión tuve una paciente con una marcada actitud de víctima, que se quejaba de lo insatisfecha que se sentía en su relación de pareja.

Me comentó que su esposo era frío, que nunca apreciaba ni le agradecía todo lo que ella hacía, que jamás tenía un detalle amoroso ni le mostraba ternura, que nunca le decía "te amo, me gustas" y que tenía "hambre" de escuchar palabras dulces.

Entonces le dije: "¿De veras quieres que tu esposo empiece a hacer todo eso por ti?" "¡Claro que sí!", me respondió, "daría lo que fuera por obtenerlo".

"¡De acuerdo!… desde el día de hoy empieza a hacer todo eso por él. Dile cuánto aprecias y agradeces todo lo que hace; ten hacia él esos detalles amorosos y tiernos que quisieras que él tuviera contigo; dile que lo amas, que te gusta y muchas otras palabras dulces", le dije mientras veía cómo su cara se ruborizaba de enfado, como si yo le estuviera diciendo las peores ofensas.

"¡Ah, no!" respondió indignada, "¡¿por qué yo?!"

"¿Por qué no?… ¿por qué él?", le cuestioné.

"Es que… ¡no me nace, Martha! ¡De veras que no me nace!", me contestó mientras le daba golpecitos al sillón con su mano empuñada.

"¿Y por qué supones que a él le debe nacer?, ¿por qué él está "obligado" a que le nazca si está igual de dolido y resentido que tú?", le respondí con todo mi deseo de llevarla a ver ese juego del ego en el que estaba atrapada y en el que lamentablemente decidió continuar.

En la relación de pareja hacemos estas cosas. Cada uno espera que el otro cambie, que empiece a ser amoroso, que comience a dar. Y yo te pregunto: ¿quién va a empezar si ambos esperan que sea el otro el primero? Se quedarán atorados en esta lucha de poder del ego, tal vez para toda la vida, si ninguno de los dos hace algo para romperla. Esta actitud sólo conduce a la infelicidad.

Cuando en alguna conferencia hago un comentario sugiriendo llevar a cabo ciertos actos amorosos con la pareja, como agradecerle, reconocerle y honrarle, veo los cientos de caras de desacuerdo y disgusto de la mayoría de los asistentes. También escucho expresiones sonoras de inconformidad. Casi veo a los egos levantarse erguidos a defender su territorio. Se los hago notar para que se vuelvan conscientes de cómo reaccionamos emocionalmente ante esto, para que así, al darnos cuenta de nuestra actitud, podamos tomar decisiones sobre cómo queremos vivir y relacionarnos: ¿desde el ego o desde el alma?... y hacernos responsables de nuestra decisión, asumiendo sus consecuencias.

TU PAREJA NO "TE HACE" NADA... SÓLO BAILAN LA MISMA DANZA

Se dice que la relación de pareja es como una danza y los acuerdos, desacuerdos, conflictos y soluciones tienen que ver con el fluir de esos pasos.

Hacemos pareja con quien sabe bailar nuestra misma danza, y las dinámicas de relación, ya sean sanas o patológicas, ocurren porque ambos bailamos el paso. En otras palabras, cualquier cosa que sucede en la relación de pareja, agradable o desagradable, sana o patológica, es porque ambas partes hacemos algo para crearlo.

Muchas veces me he topado con personas que no quieren aceptar esta realidad y viven instaladas en la cómoda postura de víctimas. Hace algunos años conocí a un "genio". Un hombre realmente notable y con una impresionante cantidad de habilidades en diferentes áreas: excelente pintor, escultor, científico, poeta, escritor y diseñador. Me estuvo contando la historia de la reciente ruptura de su tercer matrimonio con una joven y bella mujer, mientras caminábamos por su enorme estudio, donde uno se topaba a cada paso con un imponente cuadro o con una hermosa escultura. Después de casi una hora, al llegar al último rincón del lugar, ya había terminado de contarme la historia de su "malvada" ex mujer.

Luego me preguntó: "¿Qué opinas de todo lo que te platiqué, Martha? ¡Realmente me gustaría escucharte para que me ayudes a aprender de esto y a ver las cosas que no alcanzo a ver en este asunto!".

Yo le respondí: "¿Estás seguro? Creo que no te va a gustar lo que tengo que decirte". Soltó una risita nerviosa y cambió de tema.

Un rato después me condujo a un espacio donde tenía todas las pinturas que él había creado de las hermosas y numerosas mujeres que había tenido a lo largo de su vida. Me llamó la atención que de todas y cada una había hecho un retrato al inicio de la relación y otro al final, cuando, en sus propias palabras, "ya se habían vuelto 'malas'". Había notorias y radicales diferencias entre ambos retratos.

El retrato hecho al principio de la relación mostraba una hermosa mujer y bellísimos y sublimes símbolos plasmados en las diferentes partes de su rostro o de su cuerpo. A su vez, el retrato hecho al final de la relación mostraba a la misma mujer, pero convertida en algo así como bruja o demonio, y los hermosos símbolos se habían transformado en horrendos animales rastreros, bichos ponzoñosos o entes terroríficos.

El artista me contó con detalle algunas de las historias de esas relaciones, llenas de dolor y resentimiento. Luego volvió a decirme: "Martha, de veras quiero que me digas qué ves en todo esto, porque realmente quiero aprender y crecer".

Esta vez le tomé la palabra. Y con todo lo que me había estado contando, yo veía claras muchas cosas. "De acuerdo… ¡ahí te va!"… le respondí. Lo acerqué al más impresionante de esos retratos del "antes y después" y le dije: "Yo me pregunto: ¿qué haces tú para convertir esto en esto?" le cuestioné, señalando ambos retratos. Él se quedó en silencio por unos segundos y me dijo: "Yo creo que nada. Simplemente he tenido muy mala suerte y he encontrado brujas &<#*&%#, metidas en hermosos cuerpos de mujeres".

"Tú lo pediste… y aquí te va mi opinión", le dije mientras, sentada en un sillón, me inclinaba hacia delante y lo miraba directamente a los ojos, como le hago cuando con toda el alma quiero hacerme escuchar.

Lo que haces es pisotear su femineidad, burlándote de sus sueños, minimizando sus logros, ridiculizando sus sentimientos, quitándoles toda autoridad con los empleados domésticos al contradecir sus órdenes, criticándolas ante sus amistades, quitándoles su lugar al referirles constantemente que "ésta es tu casa" y haciéndolas suplicar o, más aún, "mendingar" para que atiendas sus necesidades emocionales y sexuales. Eso, mi querido amigo, convierte a cualquier mujer en bruja… o en piedra. Eso hace que se le enferme la femineidad y se le cierre el corazón… hasta que se le muere el alma de la relación.

Su lenguaje no verbal me mostró con claridad su molestia al oír esto (generalmente nos disgusta que nos muestren nuestros errores), pero también percibí un dejo de introspección y honestidad. Un par de días después me llamó y me dijo que no había dormido dos noches enteras, pensando en todo esto, y concluyó con un escueto, casi inaudible, pero sincero "gracias".

Aceptémoslo, pues: suponer que nos va mal en nuestra relación de pareja por mala suerte es la mayor de las cegueras.

LAS MUJERES EN LA RELACIÓN DE PAREJA

He llegado a convencerme de que las mujeres adultas de esta generación estamos muy resentidas con los hombres. Hablo en plural porque, aunque habrá muchas que no se hallan en tal situación, de alguna manera este hecho está en nuestro inconsciente colectivo[5] femenino y nos afecta a todas como género. Así, ese resentimiento que habita en el inconsciente colectivo de las mujeres tiene sus raíces en las realidades que a lo largo de la historia nosotras hemos experimentado y en alguna medida y en ciertos aspectos seguimos experimentando: abuso, sobajamiento, discriminación y sometimiento.

Nuestras antecesoras tuvieron que reprimir su naturaleza, sepultar sus sueños, acallar sus sentimientos y permanecer en la periferia de la vida y de la sociedad, para

---

[5] El inconsciente colectivo está constituido por símbolos, formas de pensamiento, arquetipos y experiencias universales comunes a todos los seres humanos. Se manifiesta por medio de conductas, rituales, arte, creencias, folklore y tradiciones. Podemos referirnos también al inconsciente colectivo relativo a un grupo, como una familia, una raza o un grupo social (inconsciente colectivo familiar, inconsciente colectivo de los mexicanos, inconsciente colectivo femenino, etcétera).

ser consideradas "buenas" mujeres, obedientes y sumisas. Algunas tuvieron que aguantar burlas, críticas y rechazo para poder estudiar o realizar sus sueños, mientras que otras renunciaron a su femineidad al vestirse como hombres o al adjudicarse un nombre masculino, con el fin de lograr que sus obras y maravillosas creaciones tuvieran cabida en la sociedad. Estuvieron también relegadas a un segundo plano (o quinto), en todos los asuntos y quehaceres sociales, hasta que los hombres "les dieron permiso" de votar, estudiar y realizar. También tuvieron que aceptar la idea de que sus hombres tenían el derecho a tener cuantas mujeres quisieran, mientras para ellas estaba prohibido el disfrute de su sexualidad, incluso con su marido. Y no les quedó más que tragarse su dolor y su indignación hasta ahogarse con ellos.

Todos lo sabemos: esas y muchas más son realidades que las mujeres han... hemos, como género, experimentado a lo largo de la historia. Pero, por favor, no me malinterpretes. No estoy diciendo que somos unas pobres víctimas, porque nos hemos cobrado, y nos seguimos cobrando con creces, cada uno de esos abusos y discriminaciones.

Yo trabajo con cientos de mujeres, lo he hecho durante más de 16 años y además soy mujer. Sé muy bien de qué estoy hablando. A veces me da la impresión de que las mujeres de esta generación inconscientemente estamos (y sigo hablando en plural) reivindicando y vengando a nuestras abusadas, sobajadas y discriminadas antecesoras. Muchas mujeres me han dicho que a veces están muy enojadas con su pareja y no saben exactamente por qué.

Y por si fuera poco, a ese resentimiento colectivo le anexamos las facturas personales que cada una va acumulando en su historia individual con su pareja. Este resentimiento nos ha llevado a perder el respeto a nuestros hombres. Constantemente los criticamos, los juzgamos, les reclamamos, nos quejamos de ellos y de mil formas los descalificamos y les enviamos el mensaje de "yo soy mejor que tú": dándoles un codazo para sacarlos del juego en la educación de los hijos, porque "ellos lo hacen mal y nosotras bien"; invadiendo su territorio como proveedores y soportes familiares porque "no pueden con el paquete"; indicándoles constantemente "cómo le hagan" en todos los asuntos de la vida, porque "nosotras somos las que sabemos cómo".

¡Qué doloroso, dramático, importante y delicado es esto! Porque una necesidad fundamental para el hombre es ser respetado y admirado por su mujer; pero cuando en lugar de eso es constantemente criticado, invalidado, descalificado, corregido y despreciado por ella, se va con "otra".

Esa "otra" no es una mujer (aunque a veces sí, pero los casos de infidelidad conllevan diversos factores y deben ser evaluados de forma individual), sino que puede ser su grupo de amigos, su pasatiempo o el deporte que practica, su trabajo donde pasa muchísimas horas, o hasta el periódico, la computadora o la televisión que ve todo el tiempo cuando está en casa. La "otra" es cualquier cosa que le sirva para evadir la comunicación y la cercanía con su descalificadora y enjuiciadora mujer.

Yo digo a todas nosotras: ¡tenemos que perdonar a los hombres! y hacerlo también en nombre de nuestras antecesoras. Tenemos que recuperar el respeto hacia ellos, porque al hacerlo devolvemos a nuestros hijos el sagrado y sanador derecho a admirar, amar y honrar a su padre y nos devolvemos a nosotras la dignidad, la paz y la plenitud.

¿Por qué no decidimos a verles su luz, su valor, su sabiduría masculina, su fuerza, sus cualidades y virtudes?, ¿por qué no hablarles de todo eso en lugar de criticarlos y descalificarlos?, ¿por qué no decirles "perdóname" y también "te perdono"?, ¿por qué no honrarlos y respetarlos?

Honrar y respetar a nuestro hombre no significa ponemos bajo su yugo, ni *tener* que quedamos a su lado aun cuando nos trate como basura. Significa más bien que si hemos de estar a su lado, decidamos reconocerle y hablarle de todo lo bueno y luminoso que él tiene, y encontremos las formas de acompañarlo en todas las etapas de su vida.

Cuando un hombre, por ejemplo, pasa por una difícil situación económica, las mujeres lo "castramos" con nuestras críticas, reclamos y comparaciones o, peor aún, nos salimos de casa dejando a nuestros hijos, para trabajar porque "él no puede solo". Eso, que parece apoyo, lo atora más, lo resta o hasta lo nulifica. A un hombre no se le apoya en las malas rachas criticándolo, diciéndole "cómo le haga" o saliéndose de casa a trabajar. Se le apoya meditando, enviándole luz, orando por él y diciéndole: "Tú vas a poder salir adelante... tú eres muy capaz... ésta es sólo una mala racha".

Aunque sé que hasta la mujer con más buena voluntad puede llegar a desesperarse a ratos en una situación como ésa, lo cual es normal, también sé que aquella cuya sabiduría femenina prevalece aunque tenga malos ratos y apoya a su hombre de esta manera obtendrá recompensas más allá de sus sueños más maravillosos, la recompensa de sentirse en paz y de tener un hombre que se lo agradecerá durante toda la vida. Cuando un hombre ha recibido esta clase de apoyo de su mujer, la convierte en su reina.

Hay otro importante aspecto en el cual es urgente que las mujeres recuperemos el respeto hacia nuestro hombre: en el tema de la educación de los hijos.

En mi fascinante y gratificante vida profesional estoy constantemente interactuando con padres y madres. No importa si se trata de una consulta personal, una conferencia o un curso, *siempre* surgen muchas preguntas de las madres que van por el mismo corte y que resumiré en una: *"¿Cómo afectará a mis hijos la forma en que su papá los educa?, porque es muy inmaduro (irresponsable, débil, terco o cualquier otra)"*.

¿Por qué las mujeres creemos que somos las que lo hacemos bien y ellos los que lo hacen mal?

Déjame decirte, mi querida amiga, que por el bien de tus amados hijos dejes de ponerte en medio de ellos y su papá, al corregirlo constantemente con comentarios como: *"No le digas así... hazlo de tal forma... etcétera"*.

Es mucho peor que hagas eso y afecta más a tus hijos, que los "errores" que en tu opinión cometa tu marido en su afán de formarlos, porque poniéndote en medio no los dejas conectarse, comunicarse, absorberse. Les mandarás el mensaje de que su padre es tonto e incapaz y los confundirás al desdecirlo y corregirlo constantemente. Y los hijos confundidos se sienten inseguros y desprotegidos.

A menos que el padre haga cosas que en verdad afecten a tus hijos, como abusar física o verbalmente de ellos o ponerlos en situaciones en las cuales peligre su integridad, su bienestar o su vida, ¡déjalo en paz!, ¡déjalo ser padre a su manera! Se necesita mucha humildad para ello, la humildad para reconocer que tal vez tú no tienes la razón y de confiar en que el padre de tus hijos puede y sabe cómo. Muchas veces veo con tristeza cómo las mujeres desperdiciamos los maravillosos recursos que nuestro hombre posee, al sacarlo de la jugada porque "no lo hace bien". Con frecuencia he hecho ver a mujeres con esta actitud que la forma como su esposo hace determinado manejo es excelente, sano y correctísimo, porque en verdad lo es, aun cuando ellas lo critiquen por ello.

Otro aspecto del cual es importante hablar en este apartado se refiere a la situación social, familiar y personal que enfrentamos las mujeres de esta generación.

Somos una "generación de transición", lo cual significa que los modelos de generaciones anteriores, que fueron nuestras abuelas y madres, necesitan ser adaptados a las necesidades y las realidades de la época en que vivimos. Esto no quiere decir que no hay nada valioso en esos modelos y nada que aprender y conservar de ellos. Todo lo contrario: es necesario honrarlas y tomar todo lo bueno que de ellas hemos aprendido, porque eso nos da estabilidad y seguridad en esta cambiante y a veces desconcertante realidad en que vivimos. Así, los modelos de nuestras antecesoras en cada uno de sus roles: como madres, esposas, hijas, trabajadoras o simplemente mujeres, no pueden funcionar del todo para las mujeres de esta generación de transición, pero tampoco tenemos nuevos modelos por seguir.

Estamos abriendo camino, encontrando nuevas formas de ser mujeres, madres, esposas y trabajadoras. Estamos creando esos nuevos modelos por ensayo y error, equivocándonos y acertando, pero sobre todo experimentando mucha confusión y cargando con unas culpas *enormes*, que dudo que las mujeres de generaciones anteriores hayan experimentado. ¿Por qué? Porque nuestras abuelas y madres, en general, ya tenían trazado su destino por el simple hecho de haber nacido niñas. Ese destino consistía en prepararlas lo mejor posible para ser buenas esposas, madres y amas de casa y buenas mujeres en general. Ello es muy honroso y sublime destino, pero significaba que no había elección. Sus alternativas eran: casarse, ir al convento o quedar soltera, generalmente no por decisión, sino porque ningún hombre se había interesado en proponerles matrimonio o porque sencillamente la familia las necesitaba solteras.

Podríamos pensar que era terrible para nuestras antecesoras no tener más alternativas en su vida, pero, créeme, en un sentido debe haber sido cómodo, porque tener alternativas, como tenemos las mujeres de esta generación, puede causar angustia y desasosiego. Así es, las mujeres tenemos ahora la libertad de tomar decisiones entre diversas alternativas: casarnos si deseamos y con quien queramos, seguir casadas o no, estudiar o no, trabajar o quedarnos dentro de las tibias paredes del hogar, y hasta tener el número de hijos que queramos.

Es maravilloso tener alternativas y la libertad de elegir, pero esto, como dijimos, también causa angustia, porque tomar decisiones implica renunciar a cosas y correr riesgos en territorios donde hasta hace unos años no habíamos pisado. Y algo es muy difícil: tomar decisiones lleva implícita la posibilidad de equivocarnos. Por todo ello, las mujeres experimentamos un fuerte conflicto interno entre el "quiero" y el "debo". Nos preguntamos con frecuencia si estará bien atender nuestras necesidades y nuestros sueños o si será simple egoísmo. Tenemos dudas y miedo de que nuestras decisiones afecten a nuestros hijos, aunque tal vez los beneficien.

En este diario peregrinar por nuestro mundo interno, que tratamos de armonizar con el externo, a veces nos vamos al extremo, a cualquiera de los polos, y cometemos errores, pero también tenemos maravillosos aciertos y día a día vamos encontrando la pauta, el equilibrio, la reconciliación de los conflictos internos. Sin duda, todo esto influye fuertemente en la relación de pareja. En el apartado siguiente hablaremos de ello.

LOS HOMBRES EN LA RELACIÓN DE PAREJA

Actualmente, los hombres adultos conforman también una "generación de transición": lidiando con cambios dramáticos a nivel financiero, social, familiar y personal; además, abriendo nuevos caminos y creando nuevos modelos de ser padres, esposos, hijos o simplemente hombres, e interactuando con un mundo drásticamente cambiante, como sus mujeres, con frecuencia en plena rebeldía y experimentando todos los procesos internos que hemos descrito en párrafos anteriores.

Los padres y abuelos de los hombres adultos de hoy no tenían que enfrentar esas cosas, sino que sus roles eran predecibles y estables, posiblemente más sencillos de sobrellevar.

Uno de los cambios que en mi opinión resulta muy difícil a los hombres de esta generación de transición es el referente a la relación de pareja. Sus antecesores lo ejercían con soberanía y autoridad sobre sus mujeres, entrenadas para servirlos y obedecerlos. Esta dinámica de relación es la que generalmente los hombres de hoy vieron en sus padres. Pero resulta que casi todos ellos están casados o viven en pareja con mujeres que cuestionan, que expresan sus opiniones y sentimientos, y que ejercen sus derechos, mujeres con las que a ratos parece imposible relacionarse de forma adecuada, y a las que no entienden... simplemente no las entienden.

Quizá por mi tendencia al optimismo o porque es *la verdad*, creo que mantener a una mujer profundamente enamorada y conectada es ¡muy fácil!, pero los hombres no lo ven. Las mujeres son, para la mayoría de ellos, seres hermosos, pero desconocidos, con corazones y mentes insondables. Y tal vez lo seamos, ¡pero no necesitan conocernos, sino sólo amarnos! Para sentirnos amadas es necesario que nos toquen mucho, para saciar la sed de nuestro cuerpo y de nuestro mundo emocional, que nos hablen con frecuencia de lo que les gusta de nosotras, que nos valoren y ¡que conozcan nuestro secreto! Ese secreto te lo mostraré a través del cuento siguiente:[6]

---

[6] Tomado y adaptado del cuento "La mujer de Bath", del poeta inglés Geoffrey Chaucer. Aunque este cuento tiene muchos niveles de interpretación y análisis, aquí lo usaré sólo para ejemplificar mi punto.

Un caballero del rey Arturo que regresaba a su hogar después de una cacería encontró en una senda a una joven y la violó.

El rey Arturo dejó el destino y castigo del caballero en manos de la reina y sus damas, quienes deciden perdonarle la vida si puede responder a esta pregunta: ¿qué es lo que más desean las mujeres?

La reina le concede al caballero un año y un día, al cabo del cual tiene que regresar al castillo con la respuesta o será sentenciado a muerte.

Se cumple el plazo y el caballero, desconsolado, emprende la marcha al castillo sin haber encontrado la respuesta.

En el camino se topa con una vieja bruja, más fea de lo que la imaginación pueda soñar, quien al enterarse de la situación en que se encuentra le dice que ella conoce la respuesta, pero que se la dará sólo si él jura que hará lo que ella le pida. El caballero, sabiendo lo que le espera con la reina, acepta.

La bruja le da la respuesta y le dice que su deseo es que se case con ella. El caballero, lleno de desesperación y repulsión, reemprende la marcha hacia el castillo para llevar la respuesta a la reina y sus damas, sabiendo que tendrá que regresar a cumplir su juramento y casarse con la bruja.

En el castillo se presenta ante la reina, quien le pregunta: "¿tienes la respuesta, caballero?, ¿qué es lo que más desean las mujeres?" Y él le responde: "lo que más desean las mujeres es ser las soberanas de su propia vida".

¡Ésa es la respuesta correcta! Y la reina le perdona la vida.

El caballero regresa a cumplir su juramento con la bruja y se casan. La noche de bodas, mientras lleno de repulsión él yace junto a su esposa, ésta le informa que la mitad del tiempo será una hermosa mujer y la otra mitad será la vieja y horrenda bruja.

"¿Qué eliges?", le pregunta al caballero, "¿que sea la mujer hermosa de noche o de día?"

El caballero medita durante largo tiempo contemplando las dos posibilidades: si elige que sea la hermosa mujer de día, estará feliz de llevarla de su brazo para que todos los hombres la vean, la admiren y lo envidien. ¡Pero tendrá que pasar la intimidad de la noche con la horrenda bruja! Si elige la bella mujer de noche, la intimidad con ella será maravillosa, pero de día tendrá que llevar a la bruja del brazo, avergonzado de que los hombres lo vean y recibiendo sus burlas.

Entonces, le responde a la bruja: "no elijo… que sea como tú quieras".

En ese momento, la horrenda bruja se transforma en una hermosa mujer y se queda así para siempre.

Lo anterior es más simple e inofensivo de lo que parece. Para una mujer, ser la soberana de su propia vida significa ser respetada en sus decisiones, desde elegir de qué color teñirse el cabello, cuáles plantas sembrar, de qué tamaño comprar sus muebles y cómo vestirse, sin ser desaprobada por su hombre, hasta concederse el derecho a no ser buena cocinera sin sentirse inferior y culpable. Significa poder darse el permiso de ser fiel a su naturaleza femenina, expresiva, cíclica, parlanchina y profunda, que le pide que su sabiduría, otorgada nomás por ser mujer, sea escuchada y respetada, así como su sensibilidad valorada y cuidada.

"Ser la soberana de su vida conlleva la necesidad de contar sus propias historias, caminar sus propios senderos y realizar sus propios sueños, porque ya se cansó de realizar los de otros". La mujer soberana de su vida necesita que su hombre le permita expresar sus sentimientos, no que la desprecie cuando lo hace. Y él la desprecia porque cree que son estados permanentes, porque desconoce que su mujer, como la Luna, la madre tierra y la vida, es un ser de ciclos.

La mujer soberana de su vida necesita que su hombre la apoye en sus sueños, no que se los mate. Y su hombre se los mata porque tiene miedo... a que se vaya, a que ya no lo encuentre interesante, a que lo deje y le abra las dolorosas heridas de abandonos pasados, infantiles y fulminantes. Pero cuando un hombre mata los sueños a su mujer, cuando le dice a todo un frustrante *no*, se burla de ella, critica su cuerpo y desprecia sus sentimientos; cuando cree que es su dueño en lugar de su compañero; cuando le detiene los pies para que no vuele y la amarra con cadenas de culpa y vergüenza... a ella se le muere algo... y se va... aunque se quede. Y aquel temido abandono llega porque, aunque su cuerpo viva con él, su corazón se escapó en un vuelo de palomas.

Hombres... ¡no tengan miedo!, porque, sin importar cuáles sean las necesidades, deseos y sueños de su mujer, ustedes y nuestros hijos siempre son la prioridad. No podemos hacerlo de otra forma, está en nuestra naturaleza y en cada célula de nuestro cuerpo.

Si un hombre apoya la necesidad de su mujer de ser la soberana de su propia vida con todo lo que esto implica, tendrá, como el caballero del cuento, a la mujer hermosa en lugar de a la bruja. No es fácil para los hombres ni para las mujeres de esta generación de transición adaptarnos a los muchos cambios de la vida actual, con múltiples exigencias en todas las áreas de la vida. Para ambos sexos es difícil estar abriendo caminos por senderos desconocidos, nunca antes transitados. Por ello es necesario que nos tengamos paciencia, comprensión y misericordia unos a otros para que, por el bien de todos, podamos apoyarnos, honrarnos y respetarnos mutuamente.

EL SEXO EN LA PAREJA

El sexo es, sin duda alguna, una poderosa fuerza que puede aniquilar o dar vida, enfermar o sanar, convertir la vida en un infierno o transformarla en un paraíso. La fuerza poderosa del sexo es neutra y cada uno la convertiremos en lo uno o en lo otro.

La sexualidad es mucho más que el acto sexual mismo. La energía sexual es la energía de vida (el eros), la totalidad que nos abraza y que está siempre presente en diversas formas y manifestaciones. En la relación de pareja, el sexo toma un lugar muy importante en todas sus facetas, las cuales se expresan en forma tangible en el acto sexual, que involucra no sólo al cuerpo sino también a la totalidad del ser.

Desafortunadamente, con frecuencia las parejas desperdiciamos en gran medida el poder unificador, sanador y transformador del sexo y lo convertimos en un recurso más del ego, para sus juegos de poder o venganza. En estos casos, el sexo puede ser usado, a veces conscientemente y otras veces de modo inconsciente, como una forma de agresión con la cual algunas personas cobran a su pareja "las que les debe", negándose, por ejemplo, a tener relaciones sexuales o a hacer cierto tipo de caricias o juegos sexuales que a su pareja le complacen.

Estoy convencida —y lo he comprobado con pacientes en innumerables ocasiones— de que algunos casos de disfunciones sexuales, como frigidez (incapacidad para sentir placer sexual), anorgasmia (incapacidad para llegar al orgasmo), vaginismo (la vagina se contrae a tal punto que la penetración del pene resulta imposible) o coito doloroso en la mujer, así como disfunción eréctil o eyaculación precoz en el hombre pueden ser formas inconscientes de agredir a la pareja.[7]

¡Y vaya que funcionan! Porque para un hombre, por ejemplo, el placer sexual de su mujer es muy importante. Cuando, haga él lo que haga, ella no puede alcanzar el orgasmo o simplemente "no siente nada", el mensaje que el hombre recibe es: "no eres capaz de satisfacerme", lo cual agrede profundamente su seguridad y su masculinidad.

Asimismo, tener a su lado a una mujer que responde con plenitud y entrega a sus caricias y juegos sexuales lo hace sentir muy bien y seguro en su identidad como hombre. ¡Y las mujeres lo sabemos! Nuestro cuerpo y nuestra intuición lo saben, pero desafortunadamente muchas agreden a su hombre de esta manera donde de veras le duele.

Por su parte, los hombres pueden agredir a su mujer "negándole" la satisfacción de sus necesidades sexuales mediante su negativa a tener relaciones cuando ella lo desea, o de las disfunciones citadas anteriormente.

Una pareja acudió a mi consultorio en una ocasión por sugerencia de su doctor, quien, después de múltiples manejos médicos para solucionar la eyaculación precoz del esposo, concluyó sabiamente que ésta se debía a causas meramente psicológicas. En efecto: todo lo que le sucede a un miembro

---

[7] Estas disfunciones sexuales pueden deberse también a otro tipo de causas sicológicas y, en algunos casos orgásmicas (hormonales o funcionales), las cuales deben ser tratadas médicamente.

de la pareja tiene que ver con ambos. En este caso, la esposa era una mujer muy agresiva, controladora y dominante, que tenía a su hombre "castrado", simbólicamente hablando. La relación sexual era la única situación en la que él podía tener el control y con su eyaculación precoz lo ejercía por una parte, pero, por otra, se las cobraba y agredía a su esposa, quien se lamentaba llena de frustración porque "nunca quedaba satisfecha".

Es muy común también agredir a la pareja, como ya mencionábamos, haciendo o dejando de hacer en la relación sexual. En la vida de pareja todo se vale, mientras ambas partes estén de acuerdo y así lo decidan. Pero a veces, lamentablemente, usamos la información que tenemos respecto a lo que a nuestra pareja le gusta sólo para no dárselo, como castigo y venganza por las que nos debe.

Lo anterior es un juego sucio muy injusto. Es decir, hay muchas cosas que si nuestra pareja no quiere dárnoslas podemos obtenerlas por nosotros mismos. Por ejemplo, si a uno le encanta ir al cine y al otro no, aquél puede organizarse para ir por sí mismo. Si una mujer no quiere cocinar a su hombre ese platillo que le encanta, él puede ir a comerlo a un restaurante. Si un esposo no quiere comprar a su esposa cosas que le gustan, bien puede ella generar dinero por su cuenta para comprárselas. Pero para tener relaciones sexuales ¡nos necesitamos uno al otro!

¿A quién esperas que tu pareja le pida sexo cuando lo desea si no a ti?, ¿a quién esperas que le pida esas caricias que le gustan?, ¿con qué derecho le niegas lo que depende de ti para obtener?

Ya sabemos que si lo vemos fríamente, cualquier hombre puede dar sexo a una mujer y cualquier mujer a un hombre. Pero también sabemos que cuando elegimos comprometernos con una pareja, esto implica que decidimos darle la exclusividad de nuestro cuerpo (al menos eso es lo que se supone y se espera). Así, la pareja debería responder amorosa y dignamente a esa exclusividad. Sin embargo, existen algunos otros factores importantes alrededor de la sexualidad, de los cuales es preciso hablar.

Sentimientos como la ansiedad, el rencor y la ira afectan profundamente el deseo, el desempeño y el disfrute sexual; y cuando un miembro de la pareja o ambos los tienen, se verá notoriamente afectado su interés en las necesidades del otro no sólo a nivel sexual, sino también en todas las áreas de la vida. Pero también esto tiene solución. Es necesario reconocer, explorar y trabajar con esos sentimientos para sanarlos e incluso, si es preciso, buscar ayuda profesional para lograrlo.

La relación de pareja, como todo en la vida, necesita "mantenimiento". Cuando tenemos una casa o un coche, debemos darle cuidados constantes pintando, lubricando y renovando para prevenir que se dañe o reparando lo que ya se ha dañado, para que no se deteriore y se nos acabe. ¿Por qué no ponemos ese interés en nuestra relación de pareja? Después de todo, ahí estamos. Vale la pena trabajar constantemente en ella para que ambos vivamos lo más satisfechos y felices posible.

CAPÍTULO 3

VERDADES SOBRE EL DINERO

EL DINERO, ¿MALDICIÓN O BENDICIÓN?

¡Hay mucho que decir acerca del dinero! porque de él hablamos, pero no de su alma, de su sombra y de su luz. De una u otra forma, hablamos de dinero todos los días, muchas veces al día. El dinero está constantemente presente en nuestras vidas y ejerce una gran influencia en ellas. Es una poderosa fuerza que mueve al mundo en general y a cada individuo en particular.

El dinero es neutro (simplemente es), pero puede convertirse en una oscura fuerza que destruye y crea sufrimiento, separación y muerte... una verdadera maldición, o en una luminosa fuerza que une, construye y crea felicidad y amor... ¡una verdadera bendición! Estoy empleando las palabras *maldición* o *bendición* no en un sentido moralista o religioso, sino en el de fuerzas oscuras que enferman y crean sufrimiento y separación, o luminosas que sanan y crean júbilo y unión.

¿Qué hace que el dinero se convierta en una o en la otra? Mi punto de vista es el siguiente:

EL DINERO COMO MALDICIÓN

Indudablemente, existen muchos factores que contribuyen a que el dinero, que podría ser una fuente de amor, bendiciones y luz, se convierta en una maldición y una fuente de sufrimiento, separación y destrucción de un individuo o un grupo. En este espacio hablaré de los que yo considero los factores más comunes:

a) Tener creencias negativas y limitantes respecto al dinero

b) La "sombra" del dinero:

• Motivos inconscientes.

• El dinero y la envidia.

• El dinero y la culpa.

–Culpas sociales.

–Culpas familiares.

c) Los juegos sucios en el manejo de las deudas.

d) Otras mentiras que nos decimos respecto al dinero.

e) La mentalidad de escasez.[8]

Tener creencias negativas y limitantes respecto al dinero

Existe una enorme cantidad de creencias y "dichos" acerca del dinero, que lo hacen aparecer como algo peligroso y malo que debemos evitar, como los siguientes:

• "Decir dinero, es decir problemas".

• El dinero echa a perder a la gente.

• Pobres, pero honrados.

• Los ricos son malos.

• Cuanto más dinero, menos virtud.

• Una cartera pesada hace débil al corazón.

• Es más fácil que un camello pase por el ojo de una aguja que un rico entre en el reino de los cielos.[9]

---

[8] El término *mentalidad de escasez* ha sido registrado por Stephen R. Covey, a quien doy el crédito por él y lo emplearé en este libro con algunas variantes respecto a la forma como él lo propone.

[9] Esta frase, como todas las que sacamos de su contexto y las expresamos de manera aislada, se presta a ser rotundamente mal interpreta-

Todas estas creencias nos dan el mensaje de que si queremos ser personas buenas y espirituales, debemos ser pobres, rechazar el dinero y, mejor aún, despreciarlo.

Si bien es cierto que la historia de la humanidad está plagada de ejemplos de personas —como Francisco de Asís, Teresa de Calcuta, Mahatma Gandhi y muchos más—, luminosos y grandiosos seres humanos que han vivido una vida lejos de bienes materiales, ellos lo han hecho no como una hipócrita reacción de desprecio por el dinero y los bienes materiales, sino como una decisión voluntaria, en su proceso de crecimiento espiritual, porque quienes han llegado a esos niveles de crecimiento interior simplemente no necesitan riquezas materiales. Los éxtasis espirituales que tocan

---

da. Cuando el Maestro Jesús la expresó, se refirió primero a un "rico" como: *aquel que pone todo su valor y su sentido de vida en su dinero y sus bienes materiales, que está apegado a ellos.* Asimismo, cuando habla de "El Reino de los Cielos", dice: "*El Reino de los Cielos está dentro de vosotros*". Entonces un rico (aquel que se apega y pone todo su valor y sentido de vida en su dinero y bienes materiales) está tan distraído en ellos, tan enfocado hacia afuera, que esto le impide entrar en *el Reino de los Cielos dentro de sí mismo,* no está en contacto con su ser interno. Esta clave de vida: "*El Reino de los Cielos está dentro de vosotros*", me explica y me confirma de una forma tan clara el significado de: "*Busca el Reino de Dios y su justicia y todo lo demás vendrá por añadidura*", que llevado a la vida cotidiana significa: "Trabaja en tu mundo interno (*el Reino de los Cielos dentro de vosotros*) —medita, ora, entra en contacto— y todo en tu mundo externo vendrá por añadidura. Tu mundo externo se cuidará a sí mismo, porque éste es sólo un reflejo del interno".

son inmensamente mayores que el júbilo que puede proporcionar cualquier cosa material; no las necesitan, e incluso es posible que les estorben y los distraigan. Por eso han renunciado a ellas y las ponen en el lugar donde desean que estén. Renuncian al dinero no porque lo desprecien y lo consideren malo, sino porque *eligen* no tenerlo. Y esto es muy diferente de fingir que no nos importa y que no tenerlo o no disfrutarlo nos hace mejores personas.

¡Qué falsedad! Esta es una de las más grandes y espeluznantes mentiras que sostenemos y hacemos como que nos la creemos. *La verdad* es que el dinero nos gusta... ¡o nos encanta!, pero nos avergüenza reconocerlo porque seremos juzgados como superficiales, pecadores, malos, materialistas, centaveros, interesados... ¡despreciables! ¡Y necesitamos mucho cuidar la imagen y ser "bien vistos"!

Esa actitud de "desprecio" hacia el dinero puede deberse a aspectos como culpa, envidia, miedo al éxito, sentimientos de no merecer o hasta la simple incapacidad para generarlo, es decir, si no soy capaz de generar dinero, mejor digo que no me gusta.

La "sombra" del dinero

Motivos inconscientes

¿Te imaginas cómo te juzgarían si dices a otros: ¡me encanta el dinero!? Aunque a ellos también, ten por seguro que serás juzgado muy mal. Tal vez hasta pierdas algunas amistades, porque a nadie le gustará estar cerca de alguien tan "superficial, materialista y no espiritual".

Tal hipocresía es un poderoso factor que envenena al dinero, porque como no reconocemos abiertamente (ni siquiera para nosotros) que nos gusta y que deseamos tenerlo, comenzamos a construir una serie de mentiras, manipulaciones, actos deshonestos y fuerzas oscuras en nuestro manejo del dinero, para encubrir esos deseos. Así se crea la "sombra" del dinero, aquello que se oculta, se niega y se distorsiona, los motivos inconscientes que están detrás de muchas de las cosas que hacemos y las decisiones que tomamos en el tema del dinero. La sombra del dinero está presente en muchos aspectos de nuestra vida y de nuestras relaciones.

¿Cuántas veces has escuchado a alguien (tal vez a ti mismo) decir: "no lo hago por dinero", "no es que me interese el dinero"…? Estas afirmaciones puede que sean honestas y verdaderas, pero también puede que sean la máscara de motivos inconscientes y creencias limitantes respecto al dinero.

Voy a decirte algo: cuando llevo a cabo algún asunto profesional que involucra dinero, con alguna persona que expresa ese tipo de cosas y, más aún, que las expresa repetidamente, tengo cierta desconfianza, porque intuyo que hará algunas "cositas chuecas". Y hasta hoy no me he equivocado en eso. Confío mucho más en alguien que, aunque no lo exprese con estas palabras, reconoce que por su trabajo y esfuerzo le interesa ganar su bien merecido dinero por medio de ese evento o asunto que estamos negociando.

Veamos un ejemplo: hace un par de años acudió a mi consultorio una familia conformada por cuatro hermanos de entre 40 y 52 años. Querían que yo los apoyara para resolver un conflicto en el que estaban atrapados y no encontraban salida. El tema era la herencia de su madre, que había fallecido unos ocho meses atrás.

Los hermanos eran personas muy ricas. La madre, quien heredó una gran fortuna de su difunto esposo y de su propia familia de origen, fue una temperamental y caprichosa mujer que cambió varias veces su testamento según el humor que traía o lo "buenos" o "malos" que fueran sus hijos con ella; sin embargo, tenía una hija y un hijo predilectos, lo cual estaba reflejado claramente en el testamento, ya que a ellos les había heredado 35 propiedades a cada uno y a los otros dos hijos sólo 17 a cada uno.

En esa sesión, uno a uno los hermanos expresaron con lujo de detalle su opinión, su sentir y sus propuestas. La propuesta de los no predilectos (los de las 17 propiedades) era que sus otros hermanos (los de las 35) cedieran algunas de ellas para que fueran justamente repartidas y los cuatro tuvieran el mismo número. Los hermanos se negaban a hacerlo y estas diferencias estaban creando toda clase de problemas entre ellos y otros síntomas individuales, como insomnio, estrés, gastritis, colitis, etcétera.

Me dijeron que deseaban que yo fungiera como negociadora para resolver esto. Exploré la situación e hice una serie de preguntas acerca de otros puntos del testamento de la madre.

Pregunté a los de las 35 propiedades cuál era el motivo que tenían para no querer ceder algunas a sus hermanos y pregunté a los de las 17 propiedades cuál era su motivo para pedir a sus hermanos que las cedieran. Los primeros, ambos en total acuerdo, respondieron:

—Es que ésa fue la voluntad de mi madre. El testamento es sagrado. Nadie tiene derecho a modificarlo, es la última voluntad del difunto que ya no se encuentra aquí para defenderla.

Y uno de ellos remató con broche de oro:

—Si hago lo que mis hermanos me piden, ¡nunca me perdonaré el haber ido en contra de la voluntad de mi madre!

Luego llegó el turno para que los dos hermanos que proponían la justa repartición expresaran sus razones, respecto a las cuales ambos estaban en total acuerdo:

—Es que nuestro padre, en paz descanse, era un hombre extremadamente justo. Estamos seguros de que él estaría triste por el hecho de que no tengamos la misma cantidad de propiedades. Si él pudiera hablar, seguramente nos diría que ése es su deseo.

Luego llegó mi tumo y les dije:

—Ustedes vinieron a verme y me están pagando esta consulta para que yo les apoye en esto. En este momento tengo que tomar la decisión (como dice mi colega Gilberto Martínez) entre caerles bien o serles útil. Decido serles útil y para ello necesito que saquemos *la verdad* a la luz, porque de otra forma no podrán salir de este atolladero. El primer paso es que reconozca cada uno sus *verdaderos* motivos para proponer o para no aceptar la propuesta. Dejen de utilizar a sus padres para justificar su actitud. ¿Qué tal si simplemente dicen: "Yo propongo la repartición porque quiero más propiedades y yo rechazo la propuesta porque no quiero soltar ninguna de las mías?"… porque ésa es la verdad… ¿o no?

Luego me dirigí específicamente a uno de los hermanos de las 35 propiedades: el que dijo que si cedía algunas propiedades: ¡Nunca se perdonaría haber ido en contra de la voluntad de su madre!

Entonces le expresé:

—En su testamento, tu mamá menciona que quiere que le pagues a tu hermana aquella maquinaria que hace años generó una separación entre ustedes y que su deseo es que se reconcilien por eso; ¿has cumplido ya con esto? La respuesta fue: no.

—¿Por qué en esto no te sientes mal por ir en contra de la voluntad de tu madre?, le inquirí y continué diciendo: les repito que el primer paso para encontrar una solución sana para resolver este problema es que reconozcan la verdad, algo así como: "Yo propongo la repartición porque quiero más propiedades, y yo la rechazo porque no quiero soltar ninguna de las mías". ¿Y saben qué?: ¡Se vale! ¡Está muy bien querer más y también está muy bien no querer soltarlas! ¡Están en todo su derecho! Pero, por favor, reconózcanlo en lugar de decir que lo hacen por sus padres. Y así, asumiendo cada uno la responsabilidad de sus propios deseos y decisiones, ha llegado el momento de tomar algunas.

De los dos hermanos de las 35 propiedades, uno aceptó ceder dos a cada uno de los de las 17 y dijo que hasta ahí quería soltar. (Muy válido.) El otro dijo que él no les daría ninguna porque él era el que tenía más hijos y nietos y esas propiedades eran para ellos. Ante esto lo confronté y le expresé:

—Entonces ¿quiere decir que vas a regalar algunas propiedades a tus hijos y nietos y ponerlas a su nombre? Titubeó:

—Bueno… pues… mmm…

Y volví a confrontarlo:

—Ahora ya no estás utilizando a tus padres para justificar tu decisión, sino a tus hijos y nietos. ¡Di la verdad, por Dios! ¡Di simplemente: "no quiero" y punto! ¡Estás en todo tu derecho!... Y lo hizo.

Por supuesto, lo anterior no significa que estas decisiones dejaron felices a todos. Lo más probable es que habría resentimientos y una variedad de estados emocionales al respecto. Probablemente también se deterioraran (aún más) las relaciones entre ellos, pero también en todo eso cada uno es responsable de su creación y su solución. Lo indudable es que tomaron decisiones honestas y, de muchas maneras, *la verdad* los hizo libres.

El dinero tiene un fuerte control sobre nosotros, del cual hay que estar conscientes. Estoy convencida de que uno de los temas de la vida en el que nos mentimos más a nosotros es el del *dinero*. Alrededor de él se mueven toda clase de dinámicas poderosísimas, a tal punto que podemos conocer profundamente a una persona con base en la relación que tiene con el dinero y la forma como lo maneja. Éste es, pues, un aspecto en el cual el engaño y el autoengaño se muestran claramente.

Por otra parte, en mi práctica profesional, siempre me ha sorprendido que, aun cuando la terapia es un espacio donde los pacientes "desnudan" su alma ante el terapeuta y muestran los rincones más íntimos de su corazón, generalmente, cuando hablan de dinero, es como si entraran a un territorio tan privado que ni siquiera mencionan cifras concretas; dicen, por ejemplo: "me dio cierta cantidad de dinero", "gano X cantidad por mes" o "tengo algún dinero en el banco". Y me sorprende también que si yo preguntara: ¿cuánto?, podría parecer como una intromisión de mi parte, como si me estuviera metiendo en algo que no es asunto mío, aunque el resto de la vida del paciente es de alguna manera asunto mío y estoy autorizada para meterme en ella y preguntar todo lo que quiera y necesite.

Extraño, ¿no? Parece que mencionar cifras respecto al dinero nos genera sentimientos de culpa si son elevadas o vergüenza si son bajas. Esto se debe a que la sociedad (por cierto, formada por cada uno de nosotros) nos evalúa de acuerdo con el dinero que tenemos. Eso es un hecho, aunque no queramos aceptarlo. Los que tienen poco son considerados, en cierto sentido, inferiores; los que tienen mucho, superiores. Los primeros tienen que buscar justificaciones que los hagan sentir mejor, como: "el dinero echa a perder a la gente", o "pobres pero honrados" o "los ricos son malos" y ese montón de falsedades que sólo disfrazan la incapacidad de la persona para generar dinero o sus miedos, que le impiden dejarlo entrar en su vida.

Por su parte, quienes tienen mucho fundamentan con frecuencia su identidad en relación con la cantidad de dinero que poseen y "se llegan a creer" que son superiores y especiales por ello. Ambas posturas contribuyen a convertir al dinero en una maldición.

EL DINERO Y LA ENVIDIA

El éxito, el dinero y la envidia conviven constantemente en nuestra vida. Mi concepto del éxito es holístico, es decir, tiene que ver no solamente con el reconocimiento o el dinero, sino también con un sano equilibrio en todas las facetas de la vida de la persona. Dicho de otra forma, no considero exitosos a esos seres súper desarrollados en un área, por ejemplo: dirigiendo una empresa multimillonaria, pero enanos en otras áreas de su vida, por ejemplo: incapaces para mostrar amor a sus hijos y a su pareja o para lidiar y contactar con sus sentimientos y con su parte espiritual.

Una persona exitosa es feliz y no todos aquellos que tienen mucho dinero y reconocimiento lo son. Tampoco lo son muchos de los que no lo tienen; sin embargo, la culpa no es del dinero, sino de su falta de decisión para atender todos los aspectos de su vida.

Pero volvamos al dinero y la envidia. En una de mis conferencias, que justamente titulé: "El dinero: ¿maldición o bendición?", una persona me comentó, con una visible molestia que crecía con cada palabra que pronunciaba, lo mal que a ella le parecía que los psicoterapeutas y los médicos cobráramos por nuestro trabajo y estuviéramos "sacando provecho de los problemas o las enfermedades de otros para enriquecemos". Mencionó con nombre y apellido a algunos reconocidos psicoterapeutas y médicos de la ciudad y las cantidades tan "obscenas" que cobraban por consulta. Luego siguió con los dentistas: "lo poco que a ellos les cuestan las amalgamas y las piezas dentales y lo mucho que cobran por ponerlas", etcétera.

Mi respuesta fue:

Bueno, cuando voy al supermercado nadie me dice: "usted no pague, usted es psicoterapeuta". Tampoco sucede cuando pago el teléfono o salgo a cenar o me voy de vacaciones. *Es muy digno cobrar por nuestro trabajo*, como es digno que todo aquel que trabaja cobre por el suyo.

…Un profesional ha invertido dinero y tiempo (a veces mucho de ambos) para serlo…. ¡merece cobrar por su trabajo! El dentista ha invertido tiempo y dinero para ser capaz de llevar a cabo todo lo que implica poner esa pieza dental que dices que a él le cuesta muy barata.

…Que algunos profesionales cobran cantidades "obscenas" es cierto, pero nadie está obligado a pagarlas. Cada profesional tiene sus reglas y una de ellas es cuánto quiere cobrar por su trabajo. Si tú solicitas los servicios de alguno, es porque estás de acuerdo con esas reglas. Dicho de otra forma: el profesional tiene todo el derecho a cobrar lo que quiera. Tú tienes todo el derecho a aceptar o no. Si aceptas sus reglas, no se vale quejarse. Si no te gustan, puedes buscar otro cuyas reglas sí te gusten... Así de simple.

Esto me recuerda una interesante y amena historia que hace años leí en el maravilloso libro *De sapos a príncipes* de John Grinder y Richard Bandler y que John O. Stevens cita en el prólogo:

Hay una vieja historia de un fabricante de calderas que fue contratado para arreglar un enorme sistema de calderas de un buque de vapor que estaba funcionando mal. Luego de escuchar de boca del ingeniero la descripción de los problemas y hacer unas pocas preguntas, se dirigió a la caldera. Durante algunos minutos observó todas esas cañerías enroscadas, escuchó su golpeteo y el silbido del vapor que se escapaba y palpó algunas cañerías con su mano.

Luego, mientras tarareaba suavemente una canción, introdujo la mano en el bolsillo y sacó un pequeño martillo, con el cual golpeó una válvula una vez. Inmediatamente el sistema entero empezó a trabajar perfectamente y el calderero se fue a su casa.

Cuando el dueño del barco recibió una factura por mil dólares, se quejó ante el calderero de que había estado en la sala de máquinas únicamente 15 minutos y le pidió entonces que le diera una factura detallada. Esto es lo que el calderero le envió:

Por golpear con el martillo ...... US $0.50

Por saber dónde golpear........... US $999.50

Total .... US $1 000.00

Pero seamos honestos. ¿Qué hay atrás del hecho de criticar a los profesionales (o no profesionales) que ganan mucho dinero? *¡Envidia!* Si le ponemos palabras a esa indignación con la que los criticamos, diríamos algo así como: "ese infeliz gana en una hora (o día o semana) lo que yo en…" O tal vez algo como: "Ese desgraciado sí se atreve a cobrar bien por su trabajo y yo no me atrevo por miedo a que me tachen de materialista o centavero". ¡No nos engañemos… ésa es la pura verdad!

¡Este asunto del libre albedrío me encanta! Siempre eres libre para elegir con cuál ser humano quieres tener una relación y de qué tipo, de quién quieres recibir un servicio, etc. Siempre eres libre para elegir respecto a lo que sea y asumir las consecuencias de tu elección gozosamente… o no. ¡Bendito sea el libre albedrío!

EL DINERO Y LA CULPA

LAS CULPAS SOCIALES

George Bernard Shaw dijo: "Hay dos tragedias en la vida del hombre: una es no realizar sus sueños y la otra realizarlos". Porque quien realiza sus sueños tendrá que lidiar con la envidia proveniente de quienes, por cualquier razón, no han podido hacerlo. Algunas personas se irán de su vida, recibirá críticas, juicios y hasta falsas acusaciones... ¡Y todo por envidia!

El director de un banco me comentó que cuando lo ascendieron a este puesto, sus compañeros dejaron de invitarlo a las jugadas de ajedrez o a los partidos de tenis. Aunque parezca increíble, muchas personas se sienten culpables por su éxito e inconscientemente lo sabotean porque temen perder amigos o incluso a la familia.

Una mujer, campeona de golf, acudió a consulta conmigo. Me dijo que repentinamente, sin más ni más, había perdido el *swing* y, por más que lo intentaba por todos los caminos, no podía recuperarlo. Al revisar la ecología del problema (es decir, qué perdía y qué ganaba al ser campeona o no), descubrimos que desde que empezó su cadena de éxitos en el golf, sus amigas y sus hermanas no la incluían en sus planes, hacían constantemente "bromas" sarcásticas respecto a ella y el golf, no se reportaban a sus llamadas, etc. Era un hecho innegable que en cierto sentido estaba perdiendo a mujeres importantes de su vida... todo a causa de su éxito en el golf (que se traducía en viajes, dinero y reconocimiento), lo cual a ellas les generaba envidia y a mi paciente, culpa por tener tantas cosas maravillosas que ellas no tenían.

Alguna vez escuché: "La gente puede perdonarte cualquier cosa, menos el éxito". Y a veces, por increíble que parezca, es la familia quien no lo perdona. Puede suceder que una familia de fracasados experimente como traición el éxito de alguno de sus miembros. Para comprender plenamente esta realidad, hablemos de lo siguiente:

LAS CULPAS FAMILIARES

De Alejandro Jodorowsky escuché un interesantísimo análisis al respecto. Él propone que hay cinco culpas existenciales-familiares que impactan fuertemente la vida de los seres humanos:

a) La culpa por haber sido una carga para la familia.

b) La culpa por "irse" (¿quién va a acompañar, cuidar, apoyar, etcétera?).

c) La culpa por ser "traidor" (pensar o ser diferente de la familia).

d) La culpa por ser fundamentalmente "malo" (por ser diferente del resto de la familia, por no ser lo que ellos quieren que seas).

e) La culpa por sobrepasar al padre o a la madre (tener una mejor relación de pareja que ellos, ser felices cuando ellos no lo han sido, ser capaz de hacer más dinero de lo que el padre ha podido, etcétera).

Quiero ahondar en este espacio acerca de las tres últimas: un día llegó a mi consultorio una mujer de 34 años, muy deprimida y confundida. Hacía ocho meses que había regresado de Europa, donde vivía una vida que ella definió como "de cuento de hadas". Estaba casada con un exitoso, generoso, bueno, inteligente y atractivísimo europeo. Tenía también un alto y muy bien remunerado puesto en una importante empresa transnacional y el dinero, la salud, los viajes, las fascinantes experiencias, la felicidad y muchos sueños realizados eran parte de su vida cotidiana.

Sin embargo, su vida de cuento de hadas se veía ensombrecida cada vez que llamaba por teléfono a su constantemente deprimida madre, quien la ponía al tanto de todo lo que sucedía a los miembros de la familia por acá en su país:

> ¡Ay, hija!, ¡estoy tan deprimida otra vez; no he tenido ánimos de levantarme de la cama en toda la semana! Tu hermano está bebiendo otra vez y lo despidieron del trabajo de nuevo, el pobre no tiene dinero ni para la renta. Tu hermana seguramente ahora sí se va a divorciar, porque ese maldito otra vez la golpeó y al parecer anda de nuevo con otra. Yo no puedo ni dormir de la preocupación. ¡Ay, hija… puros problemas…! Y tú, ¿cómo has estado?

Imagínate, después de eso, lo difícil que resulta para cualquiera responder: "¡Muy bien!" y platicar todas las maravillas que le están sucediendo en la vida. Pero esta sensación de culpa por "lo bien que a mí me va y lo mal que a ellos les va" es generalmente imperceptible en el nivel consciente, por eso es difícil reconocerla para hacemos cargo de ella antes de que nos lleve a autosabotearnos, echándonos a perder lo bueno que tenemos en la vida.

Así sucedió con mi paciente. Después de tres años y medio de su vida de cuento de hadas, un día, sin más ni más, dijo a su marido de cuento de hadas: "Me quiero divorciar. Voy a regresar a mi país". Su atónito esposo no podía entender su decisión y le preguntó una y otra vez el porqué. Yo también le pregunté y me respondió: "No lo sé, Martha. No sé por qué renuncié a mi maravilloso trabajo y dejé a mi maravilloso marido". ¡Porque eso fue lo que hizo!

La razón fue la siguiente: la culpa inconsciente por estar "traicionando" a su familia llegó a ser tan insoportable, que dejó todo lo bueno que tenía y regresó con su madre a deprimirse también y a acostarse en una cama al lado de ella. Ahora estaba deprimida, sin dinero, preocupada e infeliz como el resto de la familia… *¡qué solidaridad!*

Afortunadamente trabajamos con su culpa para que fuera capaz de entender que cada miembro de su familia era responsable de la clase de vida que tenía y podía trabajar en cambiarla, para que descubriera cuál era la forma "sana" de ayudarlos y para que se pudiera dar a sí misma el permiso de ser feliz, de utilizar todo su potencial y crear y disfrutar todo lo bueno que podía tener en su vida, empezando por su maravilloso marido, quien la llamaba constantemente para decirle que la amaba y pedirle que recapacitara y regresara. ¡Por fortuna lo hizo!

Conozco a un joven profesional que es también un claro ejemplo de este tipo de culpa. Él posee un talento impresionante; sin embargo, desde hace unos siete años está constantemente en la ruina. Antes de entrar en este bache, había conseguido un excelente trabajo con grandes oportunidades de seguir creciendo en la empresa y con un jugoso salario. Rentó una preciosa casa en una muy buena zona de la ciudad y compró un coche nuevo.

Su familia de origen está conformada por cinco fracasados y atormentados hermanos y unos padres por el mismo corte. Todos viven aglutinados en la misma y nada bonita zona de la ciudad, uno al lado de otro; a la siguiente cuadra o a la vuelta y cada uno tiene un viejo y deterioradísimo coche.

La presión inconsciente por estar "traicionándolos" por ser el exitoso de la familia fue más fuerte que su tremendo potencial y su gran motivación por crecer profesionalmente. De modo inconsciente se autosaboteó haciendo todo lo que pudo para echar a perder esa gran oportunidad, cometiendo toda clase de errores y tomando absurdas y tontas decisiones hasta que fue despedido del trabajo.

Dejó su hermosa casa porque no pudo seguir pagando la renta, vendió su coche nuevo para solventar gastos urgentes, compró uno viejo y deteriorado y se fue a vivir a esa zona de la ciudad donde vive su familia, a una casa al lado de su hermana. Y ahí sigue, metido desde hace siete años en ese agujero de fracaso, acompañando al resto de la familia.

Esa culpa inconsciente por traicionar a la familia ocurre también en relación con otros aspectos, por ejemplo: si la madre ha sido infeliz en su matrimonio, la hija no se permite ser feliz en el suyo e inconscientemente hace toda clase de cosas para crear problemas, o echar a perder las vacaciones o la relación. El hijo varón puede sentirse culpable porque su padre pasó la vida con un bajo sueldo y un arduo trabajo, y él ha sido capaz de crear un próspero negocio o conseguir un alto y bien remunerado puesto.

Cuando no es consciente esa culpa por haber creado unas condiciones de vida mejores que otros a nuestro alrededor, muy probablemente nos autocastigaremos de una y mil formas. Un amigo me comentó que cada vez que compra un coche nuevo, el primer día tiene un tremendo dolor de cabeza que no se le quita con nada. Un paciente descubrió que las únicas ocasiones en que por accidente le da un "golpecito" o un raspón a su coche es cuando está estrenando alguno, como para que no esté ¡tan bonito! Otra paciente solía sentirse tan culpable cada vez que se iba de vacaciones, que invariablemente se enfermaba, como para no disfrutar tanto.

Cuando echamos a perder lo bueno que tenemos en la vida para solidarizamos con el sufrimiento o fracaso de nuestros seres queridos, no les hacemos ningún bien, ni nos lo hacemos a nosotros. Es como si creyéramos que para apoyar a alguien con sida o con cáncer, tenemos que adquirir la enfermedad con el fin de ayudarlos.

La verdad es que cuanto más sanos y felices seamos, mejor podremos servir a otros. Cuanto más dinero, armonía, éxito, logros, júbilo y salud tengamos, más útiles seremos para colaborar en la solución de los problemas del mundo, de la forma en que cada uno esté destinado a hacerlo.

Este mundo necesita gente feliz, rica, sana, exitosa y muy luminosa para salir adelante.

Nuestro más profundo miedo no es el de no poder responder adecuadamente.

Nuestro más profundo miedo es que somos poderosos más allá de cualquier medida […]

Nos preguntamos a nosotros: ¿quién soy yo para ser sobresaliente, con talento, glorioso?

De hecho, ¿quién eres tú para no serlo?

Eres un hijo de Dios. Tu rol de pequeñez no le ayuda al mundo.

No tiene nada de brillante el empequeñecerte para que la demás gente no se sienta insegura alrededor tuyo.

Nacimos para hacer manifiesta la gloria de Dios dentro de nosotros.

Esta gloria está no sólo en algunos de nosotros, sino también en cada uno.

Y al permitir que esta luz brille, inconscientemente damos a la demás gente el permiso para hacer lo mismo.

Al liberamos de nuestros propios miedos, nuestra presencia libera espontáneamente a los demás.

NELSON MANDELA

Los juegos sucios en el manejo de las deudas

Deber dinero a alguien no tiene nada de malo; significa simplemente que en algún momento de nuestra vida tuvimos la necesidad de pedir ayuda para resolver un problema económico. Tener una deuda de dinero significa que hubo alguien —bendito sea— que nos apoyó.

De qué modo nos manejamos en relación con nuestras deudas es lo que nos pone en el lado del dinero como maldición o como bendición. He llegado a la convicción de que la forma en que una persona maneja sus deudas muestra niveles muy profundos de su ser. Podría decir: "dime cómo manejas tus deudas y te diré quién eres".

He encontrado que la gente maneja sus deudas en distintas formas, por ejemplo: hay quienes, aunque ya puedan pagar, se hacen los olvidadizos hasta que el dueño del dinero les pregunta o recuerda al respecto. Y como a la mayoría de las personas les da vergüenza recordar o preguntar al deudor sobre su deuda y hacer válidos sus derechos, el deudor se aprovecha de esto, se hace el occiso y simplemente no paga.

¡Qué ruin y bajo me parece esto! ¡Es una de las más altas formas de traición e ingratitud! Traición porque quien prestó el dinero sacó al deudor de un problema y, en lugar de recibir su gratitud, recibe su traición; e ingratitud porque el deudor no está apreciando, valorando ni agradeciendo el apoyo que recibió. ¿Cómo alguien que se maneja así con sus deudas espera que le vaya bien en el aspecto económico o hasta en otras áreas de su vida?

Otra forma vil de manejarlas es aquella en que la persona tiene disponible el dinero que debe, pero, en lugar de pagarlo, le da largas al asunto: lo usa para otras cosas y decide que mejor pagará después, cuando...

¡No nos engañemos!, cuando de veras se quiere pagar, se hace. Cuando se tiene la voluntad de pagar, se propone algo, se busca una posibilidad. Cuando no se tiene la voluntad de pagar, se encontrarán infinidad de razones para justificar no hacerlo. Sean cuales sean estas justificaciones que pintan de rosa el hecho, en el fondo se trata de una traición y de falta de integridad, honestidad y gratitud.

Las deudas manejadas de esas maneras oscuras y deshonestas pueden convertirse en anclas que atoran e impiden el avance en muchas áreas de la vida. Por fortuna, hay también aquellos para quienes una deuda es un compromiso sagrado que respetan y cumplen. Es una fascinación encontrar en la vida a personas como ésas. Sin embargo, no hay duda de que posiblemente el deudor *¡de veras!* no pueda pagar. Tal vez dijo (al pedir dinero prestado siempre se expresa este tipo de cosas) que pagaría la cantidad completa en tres meses, o que daría cierta cantidad por mes, o algo por el estilo. Quizá en verdad no pueda cumplir con ese compromiso, pero lo que hace al respecto es lo que establece la enorme diferencia.

Marianne Williamson dice que a aquel que tiene una deuda y la voluntad de pagarla, el universo lo ayudará a hacerlo, *porque el universo apoya la integridad.* ¡Qué hermosa manera de expresarlo! Lo *único*, pues, que necesitas es tener la voluntad y entonces los "comos" te serán mostrados y los medios te serán enviados.

Si ubicáramos esta profunda verdad en la vida cotidiana, diríamos que tener la voluntad va acompañado de *acción*, que implica, por ejemplo, hablar con quien se tiene la deuda y honestamente plantearle tu situación y una propuesta. Algo así como: "En verdad tengo la voluntad de pagarte, aunque no he podido hacerlo, o no he podido cumplir con los plazos y las cantidades que me comprometí. La forma como puedo pagarte es…"

Hace unos cuatro años, una persona que me debía 3000 pesos me dijo algo parecido al párrafo anterior y luego concluyó: "Me da mucha pena, Martha, pero lo que puedo pagarte por ahora es cien pesos al mes; cuando pueda darte más, así lo haré". Su integridad me fascinó y acepté gozosa su propuesta. El universo apoyó su sincera voluntad y, en efecto, algunos meses me pudo pagar tres o cinco veces más, hasta que completó el último centavo.

No obstante, al proponer un plan de pago a quien le debes dinero, no hay garantía de que reaccionará con misericordia y comprensión; pero lo importante aquí, lo que el universo apoyará y recompensará, es tu integridad.

Otras mentiras que nos decimos respecto al dinero

Un amigo me dijo un día: "Si yo fuera millonario, construiría una hermosa y enorme casa para acoger niños abandonados. El personal sería sólo profesionales con un buen sueldo y muy bien capacitados para cuidarlos y apoyarlos en todas las áreas de su vida".

Entonces le pregunté: "¿Eso harías? ¿Y cuánto das actualmente por mes o por año a alguna institución para niños abandonados de las muchas que ya existen?" Él me respondió: "Bueno… nada… es que no tengo dinero…" Yo simplemente le recordé las palabras del Maestro Jesús, que para mí son una clave de vida: *"El que es fiel en lo poco es fiel en lo mucho"*. Si tienes diez pesos y das uno, yo te creo que darías un millón si tuvieras 10. Lo que hacemos en lo poco lo haremos en lo mucho. Como nos manejemos en lo pequeño nos manejaremos en lo grande.

Esta es para mí una maravillosa verdad que se aplica no sólo al dinero, sino también a todos los aspectos de la vida, y me apasiona comprobarla una y otra vez. Para conocer a alguien profundamente, bastan los pequeños y "superficiales" actos de cada día, porque como ese alguien se maneja en ellos, lo hará en los grandes y profundos aspectos de la vida.

¡Aceptémoslo!, los "haría si pudiera" y "daría si tuviera" son sólo justificaciones y excusas para encubrir nuestra falta de solidaridad, disposición o generosidad. Cuando de veras tenemos la voluntad de dar o hacer, damos y hacemos.

No me hables de lo que harías si pudieras o darías si tuvieras. Háblame de qué sí puedes dar y qué sí puedes hacer aquí y ahora, con tus circunstancias y tu realidad. Como dijo Theodore Roosevelt: "Haz lo mejor que puedas, con lo que tengas, en donde estés".

Todo esto me recuerda algo que ahora hasta me parece divertido: hace años, yo tenía un colega que andaba persistentemente tras mis treintañeros huesos. En su incansable afán por conquistarme, un día me dijo que tan pronto como cerrara un negocio que traía en proceso me regalaría un coche nuevo porque, según él, una mujer como yo no merecía andar en un coche con seis años de antigüedad como el mío, que por cierto en esos días estaba en el taller. Le dije que mi respuesta era un rotundo y absoluto *no*, porque me comprometería a un tipo de relación que no me interesaba tener con él... Se ofendió e indignó por mi comentario, pero insistió en que de todas maneras me lo regalaría ¡sin ninguna condición!

Un par de horas después, cuando terminé mi última consulta, me ofreció llevarme a casa, pues yo no traía coche y en el camino me pidió que lo acompañara al súper mercado porque tenía que comprar algunas cosas. Una vez en la tienda, yo recordé que necesitaba urgentemente un shampoo, tomé uno y al llegar a la caja lo puse hasta el final de los artículos que él llevaba y con toda la intención de pagarlo yo misma en una cuenta diferente. Aun así, me quedé atónita cuando la cajera preguntó: "¿ese shampoo también?" Y él respondió: "no, ése va aparte", al mismo tiempo que lo alejaba con su mano. Y en efecto, ¡lo pagué yo!

¡Y ése era el que decía que me compraría un coche! Qué claro nos queda que ese ofrecimiento era sólo una artimaña, uno de los muchos intentos fallidos que hizo para conquistarme. *El que es fiel en lo poco es fiel en lo mucho.* Por fortuna, muchas veces en mi vida he visto también el aspecto luminoso de esta verdad, cuando en lo poco, en un acto pequeño o hasta aparentemente insignificante, puedo comprobar lo que esa persona hará en lo mucho... ¡y así sucede!

Nunca olvidaré cuando, en una ocasión en que yo estaba pasando una difícil etapa de mi vida en todos los aspectos y por supuesto en el económico también, una querida amiga llegó a visitarme al terminar su día de trabajo. Ella era una joven mujer divorciada con una hija que mantener, un empleo extenuante y no muy bien remunerado y cero apoyo económico de nadie. Me conmovió hasta las lágrimas cuando, sin más ni más, sacó de su bolsa un billete de 50 pesos y me dijo: "Toma este dinero, me acaban de pagar y quiero darles esto a ti y a tus hijos".

Yo sabía que ella necesitaba ese dinero para sus gastos más básicos y de ninguna manera quería aceptarlo. Estuvimos unos minutos en ese estira y afloja en el cual ella insistía en que lo tomara y yo, en no tomarlo. Finalmente terminé por aceptarlo con cierta culpa porque sabía lo que significaba para ella prescindir de ese dinero, pero también con una inmensa gratitud y admiración hacia ella por su generosidad.

Después de algunos años, su vida y su apretada situación económica cambiaron drásticamente: contrajo matrimonio con un buen hombre, trabajador, generoso y exitoso. Tiene ahora una hermosísima casa, coches, viajes y dinero… y por supuesto… ¡sigue siendo generosa con todo aquel que la necesita!

Si en aquel tiempo ella me hubiera dicho que si tuviera mucho dinero haría esto y aquello por otros, por supuesto que se lo hubiera creído. *El que es fiel en lo poco es fiel en lo mucho.* Esto se aplica también en el sentido opuesto, o sea, el que es deshonesto en lo poco lo será en lo mucho.

Un día un amigo me platicó que había descubierto que su socio alteraba las cuentas de gasolina que cargaba a sus gastos por viáticos, los cuales le eran reembolsados mensualmente de las utilidades del negocio. Cuando me pidió mi opinión al respecto, le dije que quien hacía cosas deshonestas en lo pequeño lo haría también en lo grande. Pero mi amigo no quiso ver esa verdad, lo cual le costó muy caro porque tiempo después tuvo que enfrentar fuertes y desgastantes conflictos personales y legales por otros actos de abuso por parte de su socio. *El que es deshonesto en lo poco es deshonesto en lo mucho.*

Estas profundas verdades se refieren a nuestro manejo no sólo del dinero, sino también de cualquier aspecto de la vida.

Las justificaciones y excusas para no dar o no hacer, o para hacer cosas indignas, son sólo una clara muestra de una *mentalidad de escasez.*

Podemos tener ante el dinero y todos los asuntos de la vida una mentalidad de escasez o una de abundancia.[10] Revisemos a continuación en qué consisten una y otra:

---

[10] El término *mentalidad de abundancia* ha sido registrado por Stephen R. Covey, a quien doy el crédito por él y lo emplearé en este libro, con algunas variantes respecto a la forma como él lo propone.

Mentalidad de escasez

Características de la persona con mentalidad de escasez

- *Tiene creencias negativas y limitantes respecto al dinero,* como las mencionadas anteriormente. Recordemos que estas creencias nos llevan a suponer que el dinero es malo y a crear mentiras y manipulaciones para encubrir el hecho de que nos gusta.
- *Si doy, se me acaba.* Su vida y sus decisiones respecto al dinero, como a otros aspectos de su vida, son manejadas por el miedo y la mentalidad de "sustracción", por lo cual no es generosa ni la comparte.
- *No hay suficiente*: dinero, amor, luz, comida, bondad, éxito, etc. Por eso toma para sí lo más posible y acumula lo más posible: es individualista. Siempre estará buscando la forma de pagar lo menos posible a sus empleados, gastar lo menos posible en su familia y pidiendo descuentos a los profesionales u otras personas de quienes recibe servicios, tomando con frecuencia una actitud de víctima para ver qué se ahorra y qué puede obtener.
- *Paga con quejas y lamentos.* Siempre me llama la atención cómo casi toda la gente hace mucho drama alrededor del hecho de tener que pagar las cosas de la vida, por ejemplo: el teléfono, la luz, la renta, las colegiaturas, los sueldos de sus empleados, etcétera.

¡Caramba! Si cuentas con electricidad y un teléfono, *¡tienes* que pagar por el servicio!; si alquilaste una casa *¡tienes* que pagar la renta!; si inscribiste a tus hijos en un colegio *¡tienes* que pagar la colegiatura!; si contrataste a un empleado *¡tienes* que pagarle su sueldo!; si contrataste los servicios de alguien, *¡tienes* que pagarlos!

¿No quieres pagar el teléfono y la luz? ¡Pues cancélalos! ¿No quieres pagar la renta? ¡Compra una casa o vive en la calle! ¿No quieres pagar la colegiatura? ¡Pues cambia a tus hijos de colegio o déjalos sin ir a la escuela! ¿No quieres pagar los servicios que contrataste? ¡Deja de usarlos! ¿No quieres pagar el sueldo de tus empleados? ¡Pues haz el trabajo tú solo! Pero, por Dios, deja de quejarte cada vez que pagas por lo que recibes, en lugar de agradecer que tengas el dinero para obtenerlo. La vida es así: *¡hay que pagar!* ¡Hazte el ánimo! Tienes dos alternativas: pagar con gusto, gratitud y amor o con quejas y malas caras, lo que de todas maneras vas a tener que pagar. La primera bendice tu dinero, la segunda lo maldice.

La *mentalidad de escasez* en otras áreas de la vida se refleja en hechos como la pichicatería y la tibieza en nuestros actos, compromisos y decisiones: comprometernos a medias y responder a medias con nuestra pareja, nuestro trabajo, nuestras creencias y con la vida misma en todas sus manifestaciones. La tibieza y la *mentalidad de escasez* van siempre de la mano.

De la misma forma como existen factores que contribuyen a convertir el dinero en una maldición, también existen otros que llegan a convertirlo en una bendición. Veamos:

- Reconocer tu sombra y tus motivos inconscientes en relación con el dinero.
- La sombra y la luz de la vocación.
- Individuación respecto de la familia y la sociedad.
- Tener una mentalidad de abundancia.

Reconocer tu sombra y tus motivos inconscientes en relación con el dinero

Es necesario dejar de autoengañarte y ser honesto contigo respecto a los factores involucrados en lo que he estado llamando "la sombra del dinero". Pongamos un ejemplo: ¿cuáles son tus motivos reales —ocultos/inconscientes— por los que ayudaste a alguien en alguna situación o prestaste o regalaste ese dinero o esa cosa?:

- ¿No te atreves a decir no?
- ¿No quieres que digan que eres malo o egoísta?
- ¿Necesitas "quedar bien" con esa persona?

- ¿Dar alimenta tu sensación de ser superior y mejor?
- ¿Estás dando y ayudando por culpa?
- ¿Te gusta que otros digan y piensen que eres bueno y maravilloso?
- ¿Tal vez ese acto te permite tener control sobre otros?
- ¿O lo hiciste simplemente por pura generosidad?

Si tu respuesta es la última, te lo creo; pero aquí te va la prueba de fuego para que veas si es así o para que reconozcas tus verdaderos motivos… ¡los de a de veras!: ¿Cuál es tu reacción si la persona a la que le diste eso o ayudaste en aquello no te da ni siquiera las gracias? Si esto te indigna, te molesta, te hace juzgarla y etiquetarla de forma negativa, criticarla ante otros o hasta decidir que nunca más le ayudarás, ¡créeme!: ¡no lo hiciste por generosidad, sino por otro motivo!

Ayudar o dar por generosidad y amor trae consigo no esperar que el otro reaccione de tal forma, haga, diga, vaya o venga. Lo que diste o hiciste lo sueltas y punto, sin expectativas ni condiciones. Por supuesto, es muy agradable que nuestra generosidad sea reconocida y agradecida, pero no dependemos de ello para sentirnos bien o para seguir siendo generosos.

Con frecuencia, al revisar honestamente nuestros motivos para ayudar o dar, nos encontramos con estas verdades que no nos gusta ver pero que es necesario, porque los seres humanos necesitamos ¡*a gritos*! dejar de autoengañarnos y volvemos congruentes, auténticos e íntegros.

No eres mala persona si te descubres teniendo motivos egoístas y oscuros detrás de lo que das, haces o dices; a todos nos sucede. De hecho, la diferencia entre una persona sana, madura y auténtica, y quien no lo es no estriba en que la primera no tenga una sombra... ¡enorme!, sino en que reconoce las distintas facetas de aquélla y prácticamente no se autoengaña, o se halla dispuesta a reconocer cuando lo está haciendo, lo cual no sucede con la persona inmadura y enferma.

Descubrir nuestros motivos inconscientes detrás de nuestra aparente generosidad nos ayudará en gran medida a volvemos personas auténticas y a que "la próxima vez", al ayudar o dar, nos demos cuenta de nuestros verdaderos porqués y tal vez, si así lo deseamos, tomemos la decisión de dar y soltar... dar sin esperar, para experimentar la generosidad incondicional, como la madre tierra, como el sol, como la vida.

La sombra y la luz de la vocación

Hablando de motivos inconscientes que nos mueven a hacer, elegir o ser de cierta manera, quiero ocupar este espacio para que revisemos algo interesante respecto al lado luminoso y el oscuro, en relación con aquello que llamamos vocación, misión o propósito de la vida, que es lo que cada uno de nosotros venimos a hacer a la tierra, lo cual generalmente es manifestado por medio de nuestra profesión u ocupación, que es a su vez, por lo común, la fuente de nuestros ingresos económicos.

El término *lado oscuro* no significa algo maligno o perverso, sino *oculto*; por lo tanto, no estamos conscientes de ello. El autoconocimiento nos ayuda a darnos cuenta de esa parte oculta e inconsciente: nuestra sombra.

Una vez aclarado el significado de ese "lado oscuro", veamos algunos ejemplos de ello respecto al tema de la vocación, misión o propósito de la vida. Casi todos elegimos nuestra vocación por motivos luminosos y muy elevados, como servir, trascender, desarrollar nuestro talento y aportar algo útil al mundo en el que vivimos (el lado luminoso), pero también por motivos enfermos (el lado oscuro), de los cuales —aunque son normales y humanos— rara vez estamos conscientes porque no nos gusta reconocerlos.

El eminente doctor Sigmund Freud, padre del psicoanálisis, llamó *sublimación* al mecanismo de convertir algo enfermo y oscuro en algo luminoso y sano. La manera como se utiliza la energía llamada dolor, frustración, enojo, ansiedad, miedo, etc., que es generada por las heridas de la vida, establece la gran diferencia. Esta energía puede dirigirse hacia fines enfermos, hostiles y agresivos; puede quizá desperdiciarse en autocompasión, depresión y otras conductas insanas o puede utilizarse para aprender, crecer, crear y trascender, y convertirse en una gran fuente de productividad si se canaliza apropiadamente. Por ejemplo, podría ser que un médico cirujano tenga fuertes impulsos agresivos, pero, en lugar de desahogarlos y expresarlos con conductas antisociales que dañan y afectan a otros, los ha sublimado y los expresa salvando vidas.

Tal vez un abogado tenga un fuerte conflicto con la autoridad, que ha sublimado por medio de su pasión por la justicia y quizá alguna maestra sublime su frustración por no tener hijos, mediante su hermosa labor de enseñar a los niños.

Sublimación es, pues, una palabra utilizada en el terreno de la psicología, pero, desde un punto de vista aún más profundo, espiritual, esta "sublimación" es una "transmutación", un elevado proceso de convertir una cosa en otra. Pondré el ejemplo de mí misma y mi profesión: psicóloga, que expreso dando psicoterapia, impartiendo cursos y conferencias y escribiendo libros. La gente dice que los psicólogos estudiamos psicología porque tenemos problemas emocionales. Y es cierto, pero también lo es que todos los tenemos, simplemente que los psicólogos (así como muchas otras personas que no estudian psicología) queremos y estamos dispuestos a conocerlos, enfrentarlos y sanarlos.

Sin embargo, dejaré de defender a mi profesión, a mí misma y a mis colegas y pasaré a comentar algo que veo de modo constante en, específicamente, muchos de quienes nos dedicamos a ser conferenciantes y que, por cierto, ¡lo disfrutamos mucho! (También es el caso de muchos cantantes o actores.)

Si bien es cierto que no hay reglas cuando se trata de seres humanos y no podemos estandarizar un concepto para que sea aplicable a todos, lo que te comentaré a continuación lo veo repetirse con sorprendente frecuencia. He observado que generalmente quienes nos dedicamos a dar conferencias fuimos "niños invisibles" y necesitados de atención. Tal vez todavía, aunque adultos, vibra dentro de nosotros ese niño/a herido/a que necesita la atención y reconocimiento que no recibió en la infancia, porque los padres —¡benditos sean!— tenían muchos hijos que atender, o tal vez murieron o los abandonaron en la infancia, o simplemente tenían alguna enfermedad física o problemas emocionales que les impidieron satisfacer las necesidades emocionales de ese hijo.

Sin importar cuáles sean las razones por las que una criatura no tiene la atención y el reconocimiento que necesita, eso dejará una huella, una carencia; y si no se trabaja en esas heridas para sanarlas en la adultez, se intentará llenar ese hueco (en general de forma inconsciente) por muchos caminos.

¡Si vieras qué agradable es para nosotros, los conferenciantes que fuimos niños invisibles y necesitados de atención, estar frente a grandes grupos de personas obteniendo la atención y el reconocimiento de todos y teniendo además el control de la situación! En esos momentos, nuestros niños interiores "invisibles" y necesitados de atención se vuelven ¡muy visibles! ¡Y reciben gran atención y reconocimiento! Ésta puede ser la parte oscura/oculta/enferma de esta profesión. Pero hay también una parte luminosa y muy elevada... ¡sublime!, conformada por un inmenso y genuino deseo del alma de servir, ser útil a otros, trascender. Una honesta y elevada disposición... ¡una súplica! de que la vida use nuestra vida para aportar, generar, transformar, servir.

Estoy convencida de que nuestra alma eligió esa experiencia de ser "niños invisibles" para conectarnos, precisamente con esta vocación, que es la de servir, siendo canales que con la palabra puedan transmitir luz y respuestas. En otras palabras, *tuvimos* que ser "niños invisibles" y necesitados de atención, para sentirnos atraídos a la profesión que elegimos, y por medio de la cual estamos cumpliendo nuestra misión para la que venimos al mundo.

En la medida en que estemos conscientes de ello y sanemos las carencias emocionales de ese niño herido que llevamos dentro, nuestra aportación se volverá más sana y poderosa y seremos mejores canales para transmitir, porque lo estaremos haciendo ya no desde la carencia (el lado oscuro y enfermo), sino desde el genuino y elevado deseo de servir (el lado luminoso y sano).

Podemos concluir este espacio permitiendo a nuestro corazón expandirse de fascinación por lo perfecta que es la vida. Yo lo veo así: cada uno, como comentamos, tenemos un propósito superior por el cual venimos a la tierra. Nuestros problemas en la vida, nuestras carencias, nuestras experiencias desde la más tierna infancia, nos encaminan a sentirnos atraídos a esa misión. Tenemos que experimentar carencias y plenitudes, errores y aciertos, experiencias difíciles y fáciles, agradables y desagradables, para que esto suceda.

Entonces, nacimos en el hogar perfecto, con los padres perfectos, con las experiencias perfectas. Nuestro libre albedrío nos llevará a elegir que nuestra parte enferma nos convierta en seres que afectan a otros seres, o a sublimar esa parte enferma, transmutar nuestras heridas en recursos y ponernos a la disposición de la luz con el fin de colaborar en el Plan Divino para sanar al mundo.

Cada uno de nosotros tenemos un lugar en dicho plan. Me encanta saber que soy parte del equipo que trabaja para la luz… y tú también lo eres, si así lo decides, cualquiera que sea tu ocupación. Así entendemos la perfección de todo lo que nos ha sucedido en la vida; entendemos que cada una de nuestras experiencias y relaciones es sagrada porque nos ha ayudado a crecer y a ser más luminosos, de tal modo que las honramos y bendecimos. Entonces estamos abiertos y listos, con todos nuestros defectos y virtudes, para conectarnos profundamente con nuestra misión en la vida… y nos será mostrada. Seremos conducidos suavemente a ella y las puertas se abrirán por sí mismas, sin tener que empujarlas o forzarlas.

> Y esa sola Voz te asigna tu función, te la comunica y te proporciona las fuerzas necesarias para poder entender lo que es, para poder

triunfar en todo lo que hagas que tenga que ver con ella.

UN CURSO DE MILAGROS

Se dice que cuando se estaba construyendo la majestuosa catedral de Notre Dame en París, un arzobispo que supervisaba la obra caminaba por ahí. Al pasar por cierta área, vio a tres hombres que llevaban a cabo exactamente la misma actividad: tallaban piedras.

El obispo preguntó a uno de ellos: "¿Qué estás haciendo?" y él le respondió: "Estoy tallando estas piedras". Luego preguntó al segundo hombre que se encontraba más adelante: "¿Qué estás haciendo?" El hombre contestó: "Estoy preparando estas piedras que irán en la columna central". Al hacer la misma pregunta al tercer hombre, éste se irguió orgulloso, respiró profundo y respondió: "¡Estoy construyendo una catedral!"

¿Qué responderías tú ante la pregunta "qué estás haciendo"?:

- "Lidiando con mis hijos" o "formando y apoyando a estas hermosas almas para llevar a cabo su misión en la vida".
- "Realizando mi aburrido empleo cotidiano" o "aportando un servicio a la ciudad en la que vivo, para que la gente tenga…"

¡La decisión es tuya!

Características de la persona con mentalidad de abundancia

1. *Tiene creencias positivas y luminosas respecto al dinero*, por ejemplo: el dinero es amor y bendición.
2. *Si doy, se me multiplica.* Por lo tanto, cuanto más doy, más recibo. Es ley causa-efecto, acción-reacción; no hay vuelta de hoja.
3. *Hay suficiente* dinero, amor, luz, comida, bondad, éxito; por lo tanto, no teme dar.

Tal vez si estuvieras frente a mí al leer esto, expresarías: "¡Qué estás diciendo, Martha! Entonces, ¿por qué hay niños que se mueren de hambre?, ¿por qué hay tanta pobreza y sufrimiento en el mundo?"

Mi convicción al respecto es que nos falta luz en la conciencia y que no tenemos un estado de conciencia suficientemente elevado para ser capaces de resolver y, más aún, prevenir estos problemas humanos, ni para ser capaces de abrirnos a la abundancia que está disponible para todos.

Cuando viajo por carretera, ver muchos campos a mi paso me hace tener múltiples reflexiones: ¡hay un gran terreno disponible! ¡Se podría alimentar a mucha gente si se cultivara! ¡Nadie debería tener hambre!

Hace algunos años, por pura curiosidad, enterré un jitomate medio podrido cuyas semillitas germinaron en pequeñas plantas que crecieron a ritmo veloz y pronto me dieron muchos jitomates. ¡La bondad de la madre naturaleza es inagotable! Todos podríamos aprovecharla si quisiéramos, sembrando toda clase de cosas en el pedacito de terreno de nuestro patio o hasta en macetas. Ahí está para todos y es gratis. ¿Por qué no la aprovechamos?

Asimismo, existe un desperdicio atroz de todos nuestros recursos naturales, por ejemplo: sabemos que es posible usar la energía solar para múltiples propósitos y que esto nos ahorraría grandes cantidades de dinero a todos. Pero no se invierte en el desarrollo de esta tecnología, y excelentes proyectos y propuestas para hacerla viable y accesible para toda la población no pueden ver la luz porque son bloqueados o rechazados.

Los expertos dicen en ese sentido:

La energía solar es *una energía garantizada para los próximos 6 000 millones de años*. El Sol, fuente de vida y origen de las demás formas de energía que el hombre ha utilizado desde los albores de la Historia, puede satisfacer todas nuestras necesidades, si aprendemos cómo aprovechar de forma racional la luz que continuamente derrama sobre el planeta.

Ha brillado en el cielo desde hace unos cinco mil millones de años y se calcula que todavía no ha llegado ni a la mitad de su existencia. Durante el presente año, el Sol arrojará sobre la Tierra *cuatro mil* veces más energía que la que vamos a consumir. No sería racional no intentar aprovechar, por todos los medios técnicamente posibles, esta fuente energética gratuita, limpia e inagotable, que puede liberarnos definitivamente de la dependencia del petróleo o de otras alternativas poco seguras, contaminantes o, simplemente, agotables.[11]

Por otra parte, en ciertas zonas del planeta, como en la hermosa ciudad donde vivo, caen lluvias torrenciales en la temporada. Millones de litros de agua se desperdician al irse literalmente por el caño en las calles que hasta se inundan, cuando podrían diseñarse sistemas de recolección que tomen el agua de lluvia para que sea aprovechada. Pero, como todos sabemos, hay muchos intereses creados —en bien de unos pocos— que no permiten que todas esas cosas que son para el bien de todos constituyan una realidad.

Nos falta luz en la conciencia y amor en el corazón para ser capaces de abrirnos a la abundancia de este hermoso planeta donde vivimos, que tiene la capacidad de autorregularse y autoabastecerse, así como a cada uno de los seres que habitamos en él.

4. *Confía en que todo lo que quiere y necesita le llega fácilmente.* Disfruta compartiendo, porque sabe que el flujo de la vida le traerá lo que necesita.

---

[11] Página web del Centro de Estudios de la Energía Solar (*Solar Energy Training Center*).

5. *Está en armonía con la "ley del vacío".* Todo lo que no fluye y se estanca llega a pudrirse y se muere; también el dinero, el cual tiene que fluir. Hay que generar un vacío para que éste se llene de nuevo, se renueve. Esta ley establece que cuando hacemos un vacío, el universo lo llenará.

6. *Usa el dinero para lo que está hecho.* Cada cosa que existe tiene una función, por ejemplo: tu ropa está hecha para que la uses, pues se ve muy bien en ti; pero si la pones como mantel sobre una mesa, no servirá y se verá mal, porque los utensilios no sientan bien. La silla donde te sientas es perfecta para esa función, pero si la utilizas como mesa o cama, se convertirá en un problema y una incomodidad.

Cada cosa, pues, tiene su función en la vida. La función del dinero es *gastarlo*. Como sé que te suena muy fuerte esa palabra, entonces permíteme cambiarla por ésta: *intercambiarlo*. La función del dinero es *intercambiarlo*: por un viaje, un servicio, un artículo. Si generas un vacío en tus arcas, significará que tu dinero está fluyendo y ese vacío se llenará de nuevo.

Tal vez te preguntes: ¿y qué hay del ahorro?, si toda la vida nos han enseñado que ahorrar es una virtud, un hábito deseable y maravilloso que tenemos que cultivar. Mi opinión al respecto es la siguiente: creo que hay dos clases de ahorro: el que es producto de una *mentalidad de escasez* y el que es producto de una *mentalidad de abundancia*.

La característica del primero es que está movido por el miedo y la convicción de que tienes que retener ese dinero "por lo que se pueda ofrecer" o "por lo que puedas necesitar". Ese dinero no se toca; sino que se retiene, se amarra y hasta se esconde, lo cual manifiesta tu falta de confianza en que "todo lo que quieres y necesites te llega fácilmente", en que "hay suficiente" y en que ese "pedid y se os dará" y "busca el reino de Dios y todo lo demás vendrá por añadidura" son de a de veras.

La característica del ahorro que es producto de una mentalidad de abundancia está movida no por el miedo, sino por una motivación, por un propósito que incluso produce júbilo. Estás ahorrando para un viaje, un coche, un regalo, una casa, un artículo. Ese dinero tiene un destino y en su momento se le permitirá fluir.

7. *Está en armonía con la "ley del incremento".* Hay leyes en el universo que simplemente son. No importa si las conocemos o no, entendemos o no, creemos o no, estamos de acuerdo o no, las leyes se cumplen y punto. Algunas leyes físicas son muy conocidas, como las de Newton. Hay otras leyes universales que no lo son tanto, como los llamados *principios* o *leyes herméticas*,

entre otras. Hablaré de éstas brevemente para explicar después la *ley del incremento*:

a) *La ley del mentalismo*: todo es mente, el universo es mental.

b) *La ley de reciprocidad*: como es arriba es abajo; como es abajo es arriba. Como es en el microcosmos es en el macrocosmos, como es adentro es afuera, como es afuera es adentro.

c) *La ley de vibración*: nada está inmóvil; todo se está moviendo; todo vibra.

d) *La ley de polaridad*: todo es dual; todo tiene dos polos; todo, su par de opuestos; los semejantes y los antagónicos son lo mismo; los extremos se tocan; los opuestos son idénticos en naturaleza, pero diferentes en grado.

e) *La ley del ritmo*: todo fluye y refluye; todo tiene sus periodos de avance y retroceso; todo asciende y desciende; todo se mueve como si fuera un péndulo; la medida de su movimiento hacia la derecha es la misma que la de su movimiento hacia la izquierda; el ritmo es el equilibrio.

f) *La ley de causa y efecto*: toda causa tiene su efecto; todo efecto tiene su causa; todo sucede de acuerdo con la ley; la suerte no es más que el nombre que se da a una ley no conocida; hay muchos planos de causalidad, pero nada escapa a la ley.

g) La ley de concepción: la concepción existe por doquier; todo tiene sus principios masculino y femenino; la concepción se manifiesta en todos los planos.[12]

Las leyes, pues, operan con nosotros, sin nosotros y a pesar de nosotros; no obstante —dice el sabio maestro Orín—, la *ley del incremento* se activa en la propia vida por medio de la *apreciación* y la *gratitud*. "Cualquier cosa que aprecies y agradezcas se incrementará en tu vida", afirma.

Cuando aprecias y agradeces algo, abres un camino desde ti hacia lo que agradeces, camino por el cual vendrá aún más de lo mismo. Por eso, todo aquello que aprecias y agradeces regresa multiplicado. Así, en lugar de quejarte por tener que pagar algo, aprecia y agradece que tengas ese servicio o artículo y el dinero para adquirirlo. Agradece y aprecia a todos, a todo, por todo.

8. *Está en armonía con "la ley del diezmo"*. Si bien esta ley se asocia con algunas religiones o corrientes filosóficas, no pertenece a ninguna en particular. Es una ley universal estrechamente ligada con la *prosperidad*.

---

[12] Tomado de *El kybalión*, tres iniciados. Editores Mexicanos Unidos, 1998, pp. 17-22.

Se trata, pues, de dar (a quien quieras) el 10% de lo que ganas o recibes. Sí, sí, sí… ya lo sé… ¡apenas te alcanza lo que ganas! Serías un tonto si regalaras el 10%. Ésa, querido amigo, es una *mentalidad de escasez*. Una persona con *mentalidad de abundancia* confía y sabe que, por cualquier fuente y camino, todo lo que quiera y necesite le llegará, que lo que da le regresa multiplicado, *y así sucede*.

Podríamos decir, tratando de simplificar lo no simplificable, que al universo "le conviene", digámoslo así, que recibas mucho, porque al dar el 10% de lo que recibes, cuanto más tengas más darás y más personas se beneficiarán con tu abundancia. Es válido también que en lugar de dinero des otras cosas, como un servicio, una comida, etc., ya que a fin de cuentas todo es energía y amor en diferente estado de manifestación. La idea central de esto es: *compartir con amor lo que recibimos*, lo cual mantiene el flujo de la vida: dar, recibir, dar, recibir. *"La generosidad es la fuente de toda abundancia"*, dice Deepak Chopra.

Tal vez dicha propuesta te asusta, te hace dudar y es normal que así suceda, pues hemos sido educados mediante el miedo y no mediante la confianza y estamos "programados" para retener, dudar, acumular con el fin de sentimos seguros. Lo único que puedo decirte es: te invito a que creas que funciona; de veras funciona.

9. *Paga con gusto y con amor*, porque valora el trabajo de sus empleados y todos aquellos servicios que recibe.

Agradece y aprecia tener la posibilidad de pagar por lo que compra y disfruta lo adquirido. Entiende que todos tienen derecho a ganar dignamente por su trabajo y también él mismo. Una persona con mentalidad de abundancia cobra dignamente por su trabajo y es generosa consigo misma, como lo es con los demás. Porque cuando no sabemos hacer por nosotros lo que sabemos hacer por los demás, no se trata de generosidad; tal vez es nuestro sentido del deber o de nuestra incapacidad para decir *no*, pero no es generosidad.

El dar, el recibir y el pedir

Deepak Chopra dice que si bien en el dar se generan más bendiciones, es más difícil recibir. ¡Sí que lo es! Resulta difícil abrimos a ello. Se considera de buena educación negarnos a recibir no sólo cosas materiales, sino hasta halagos. Cuando alguien nos halaga, lo correcto es que respondamos: "¡Ay, no!... ¡de ninguna manera!... ¡nada de eso!"

Imagina qué mal te verían y cómo te juzgarían si ante un halago como: "Qué inteligente y atractiva/o eres", respondieras: "Sí, realmente soy inteligente y atractiva/o, ¿verdad?"

Sin duda es difícil recibir, pero yo tengo la convicción de que *si no sabemos recibir de los seres humanos, no sabremos recibir de Dios*. Dicho de otra forma: Dios generalmente utiliza a otros seres humanos para darnos todo lo que pedimos. ¡Pero a veces funcionamos de una manera muy extraña! Por ejemplo: recuerdo a una paciente de veintitantos años, cuyo papá murió y dejó grandes deudas a ella y a su mamá. En el lapso de un mes debían pagar $75 000 que no tenían y ambas oraban todos los días con profunda devoción, pidiendo a Dios que las ayudara a salir del problema.

El jefe de la joven y su esposa, unas personas mayores y generosas, le ofrecieron ayuda. El le dijo que la vida había sido muy buena con ellos, que tenían mucho dinero y que querían apoyarla prestándole ese dinero. Que no se preocupara por cómo devolverlo; si lo pagaba en un año o en 20 o nunca estaba bien, pues ellos no lo necesitaban.

Yo le pregunté: "¿y qué le dijiste?", a lo que ella me respondió: "¡por supuesto que no acepté, me da muchísima pena!" ¡Yo no podía creerlo! Y le dije:

Tú y tu mamá están orando todos los días pidiéndole ayuda a Dios en esto, y cuando la ayuda llega la rechazas. ¿Cómo esperas que Dios te dé esa ayuda?, ¿esperas que se te aparezca un ángel con los billetes en la mano?, ¿esperas que Jesucristo mismo se te aparezca y te entregue un cheque?, ¿o que mientras caminas por la calle te caigan los billetes del cielo? Claro que es posible que cualquiera de esas cosas suceda, pero yo creo que Dios está respondiendo a sus oraciones a través de la ayuda que tu jefe te está ofreciendo.

Esto me recuerda el cuento del hombre que se encuentra en alta mar en un barco que se está hundiendo. Pide a Dios con toda su fuerza que lo salve y le dice que confía ciegamente en que lo hará. Después de unos minutos se aproxima un bote salvavidas y se le insiste en que suba, pero el hombre responde: "No, Dios me salvará". Sigue orando con toda su fuerza y al cabo de un rato llega un helicóptero que le lanza una escalera para que suba, pero él se niega y repite: "Dios me salvará".

Finalmente, el hombre muere ahogado y cuando llega al cielo se encuentra frente a frente con Dios e indignado le reclama: "Yo siempre creí en tí y fui una buena persona. Te pedí con toda mi fe que me salvaras y confié ciegamente en que lo harías… ¡Me fallaste! ¡Me traicionaste!" Y Dios le respondió: "Te envié un bote salvavidas y no lo aceptaste, luego un helicóptero y te negaste a subir en él. Yo respondí a tu petición enviándote ayuda, pero tú no quisiste recibirla".

Se dice que Dios usa nuestro sistema de creencias para ayudarnos y concedernos milagros, de manera que no los rechacemos. Creo que eso es muy cierto. Imagina que si estás pidiendo solucionar un problema económico, apareciera el dinero en tu escritorio, o que fueras caminando y cayera del cielo. De seguro te asustarías y pensarías que alguien está tratando de involucrarte en un delito o que tal vez es dinero falso. Simplemente no podrías entenderlo como un milagro para tí.

Entonces, para que te permitas recibir esa ayuda de Dios, ésta te será enviada con un medio que puedas aceptar, como que alguien te regale o te preste el dinero, consigas un crédito en el banco, hagas un buen negocio uno de esos días o hasta te saques la lotería.

A veces, cuando pedimos (no sólo dinero, sino también lo que sea) cometemos el error de "indicar" a Dios cómo nos lo haga llegar. Eso cierra y limita los muchos caminos y formas por los que podría llegamos; por eso —dice Orin— debemos pedir la esencia de lo que queremos, lo que esperamos obtener al recibir "eso", en lugar de "eso" en sí mismo.

Una amiga estaba triste porque hacía más de un año que no veía a su hija, que vivía en Europa. Me decía al respecto: "Martha, no he podido reunir el dinero para el avión. Por más que intento ahorrar, se me vienen cosas inesperadas y tengo que gastarlo. Y le he estado pidiendo mucho a Dios que pueda reunir ese dinero".

Ante ello, recordé la enseñanza de Orin y le expresé: "¿Por qué en lugar de pedir el poder reunir el dinero no pides el poder visitar a tu hija?" A la semana me llamó por teléfono impresionada y ¡fascinada! Me dijo que cuando hablamos, de inmediato empezó a pedir visitar a su hija. El fin de semana se reunió con sus hermanas en una comida familiar, en la cual se encontraba también su adinerado cuñado.

En la plática surgió el tema de su hija y su cuñado le preguntó: "¿Cuánto hace que no la ves?" "Más de un año", le respondió mi amiga. Su cuñado, seguramente adivinando el porqué, sacó su chequera y le extendió un hermoso cheque por un poco más de lo que costaba el pasaje de avión… ¡Y se fue a ver a su hija!

¡Hay muchas cosas maravillosas bajo el sol para cada uno de nosotros!… ¡Hay suficiente para todos!

¿Por qué no me es dado lo que pido?

Toda la ayuda que pedimos a las alturas llegará por medios que podamos aceptar, de acuerdo con nuestro sistema de creencias. A veces creemos que nuestras peticiones no son escuchadas, porque no sucede exactamente lo que pedimos y en el momento y de la forma como lo pedimos.

Las promesas como: "pedid y se os dará, buscad y encontraréis, tocad y se os abrirá, busca el reino de Dios y su justicia y todo lo demás vendrá por añadidura" son verdaderas. Pero la vida es sabia y muchas veces, antes de recibir lo que pedimos, debemos vivir ciertas experiencias que nos preparen para ello, para que seamos capaces de tomarlo, retenerlo y disfrutarlo cuando llegue. Por otra parte, estoy convencida de que si no nos llega, muchas veces es por el hecho de que cerramos las puertas debido a que, aunque parezca increíble, de alguna forma nos conviene la situación en la cual estamos y en el fondo, a veces inconscientemente, no queremos salir de eso.

Creo de veras en que cuando no podemos lograr algo que conscientemente parece que deseamos de todo corazón o, más aún, que pedimos de modo constante y simplemente no sucede, deberíamos revisar cómo, de muchas maneras, cerramos las puertas para que esa curación o ayuda no nos llegue.

Las razones por las cuales hacemos esto se llaman en psicología *ganancias secundarias* y significan que por algún motivo, más inconsciente que consciente, necesitamos seguir teniendo el problema, la enfermedad o cualquier otra situación de la que no podemos salir.

Cuando una persona no se permite la curación de su cuerpo, su mente, sus emociones, la solución de un problema o tener algo que quiere y pide, puede deberse a una de las siguientes razones:

- Su alma sabia rechaza la curación o la solución porque todavía no termina de aprender la lección que la enfermedad o el problema le traen.
- La persona rechaza inconscientemente la curación o la solución del problema, porque de alguna manera le conviene mantenerlas. La enfermedad o el problema pueden ser medios con los cuales obtiene atención y ayuda o evade responsabilidades.

Por ejemplo: un día llegó a mi consultorio una mujer con una depresión profunda que la aquejaba desde hacía unos seis años, durante los cuales había intentado todo para curarse: antidepresivos recetados por su psiquiatra, homeopatía, flores de Bach, psicoterapia, oración y lo que a tu imaginación se le ocurra, sin lograr alivio.

Mi paciente y yo exploramos qué pasaría si ella se curaba, es decir, para qué le servía la depresión y qué de bueno le dejaba. Ante un cuestionamiento como éste, la respuesta inmediata es: "¡Nada bueno! ¡Sólo me causa sufrimiento!" Pero si exploramos honestamente la situación, encontraremos verdades sorprendentes, como en el caso de esta paciente.

Su depresión había comenzado hacía seis años cuando se divorció. Aunque es normal deprimirse ante una experiencia como ésta, no lo es mantenerse así seis años, durante los cuales se ha hecho bastante para solucionarlo. Pues bien, seis años atrás y debido a que estaba recién divorciada y deprimida, sus amorosos hermanos la apoyaron pasándole una muy digna cantidad de dinero cada mes para mantenerla a ella y a sus dos hijos adolescentes, mientras se sentía mejor y podía buscar trabajo. Asimismo, también los invitaban constantemente —con gastos pagados, por supuesto— a la playa y a otros viajes maravillosos.

¿Qué pasaría entonces si esta mujer se curara de su depresión? Sus hermanos dejarían de darle dinero mensualmente, tendría que ponerse a trabajar y hacerse cargo de su propia vida y de la de sus hijos, una responsabilidad que su depresión le ayudaba a evadir y seguir evadiendo.

- La persona inconscientemente mantiene la enfermedad o el problema porque éstos son una forma de agresión pasiva por medio de la cual se cobra las facturas que le deben.

Un adinerado pero avaro hombre, que literalmente contaba y controlaba cada peso que su familia gastaba día a día, tenía una regla personal que era: "en la salud no se escatiman gastos".

Su esposa estaba profundamente resentida por la tacañería de su marido y lo difícil que era para ella y sus hijos obtener algo de él. Pero como "en la salud no se escatiman gastos", ella se pasaba la vida en consultorios médicos de todas las especialidades y en laboratorios donde la sometían a carísimos exámenes de todo tipo, aquejada constantemente por un sinnúmero de malestares. El colmo fue cuando en una etapa de "buena salud", decidió que se haría remover cada una de las uñas de sus pies para que brotaran uñas nuevas y más bonitas.

Al someter a su marido a semejantes gastos en el tema de salud, obtenía ganancias secundarias: castigarlo por su tacañería y obligarlo a gastar en ella lo que no le daba por voluntad propia.

- La persona rechaza la curación de una enfermedad o la solución de un problema, porque mediante ellos se autocastiga para "lavar" sus culpas.

Con frecuencia, que los analgésicos no alivien el dolor, los medicamentos no mejoren o curen la enfermedad y la terapia o cualquier otro medio de curación emocional no funcionen se debe a una razón como ésa.

- La persona rechaza inconscientemente la curación de la enfermedad o la solución del problema, porque éstos le sirven para obtener atención, cuidados, compasión y compañía. Indudablemente, esto irá acompañado de una actitud de víctima.

Aunque pareciera absurdo que la persona se perjudique a sí misma con tal de castigar a otros, de evadir responsabilidades o de obtener atención y afecto, en realidad así sucede, porque las ganancias secundarias que obtiene son mayores que el precio pagado por ellas.

- La persona no se permite curar sentimientos tormentosos y perdonar, por las ganancias secundarias que obtiene al mantenerlos.

Hace unos meses yo regresaba de un viaje y durante todo el vuelo, que fue de cuatro horas y media, me sentía verdaderamente atormentada por una situación que había sucedido y ante la cual yo estaba muy molesta e indignada. Me sentía engañada, traicionada, enojadísima; quería llorar de coraje. El peso de esos sentimientos me abrumaba a tal punto que me sentía enferma.

Con todo mi ser y con todas mis fuerzas pedí sanar esos sentimientos y tener paz. Me impresionó que un par de minutos después, yo experimentaba una profunda paz, como si hubiera sido llevada a otro nivel de conciencia desde el cual percibía la situación con gran madurez y sabiduría, y desde ahí todo se veía muy diferente. Yo estaba fascinada por el cambio tan radical en mi estado de ánimo. Respiraba paz, sentía paz, emanaba paz.

No obstante, media hora después comencé de nuevo a sentirme exactamente igual de atormentada que antes. Me confronté a mí misma y me pregunté: "¿por qué rechacé este milagro?, ¿por qué no acepté esta curación?" Y me quedó muy clara la respuesta: porque mantener esos sentimientos oscuros me convenía o, más bien dicho, le convenía a mi ego: dos semanas después tendría una importante junta con esa persona y otras más, por lo cual a mi ego le convenía guardar el veneno para lanzarlo en el momento adecuado, confrontar a esa persona delante de las demás, ensuciar su imagen, engrandecer la mía... y "ganar".

En esas tretas del ego uno cree que gana, ¡pero pierde mucho! Al darme cuenta de ese juego bajo y oscuro, decidí recibir de nuevo esa liberación y esta vez quedarme ahí. Pedí perdón por haber rechazado la ayuda, la pedí de nuevo y la recibí, porque ese compromiso de "pedid y se os dará"… ¡es en serio!

Mientras no perdonamos "lo que nos hicieron", tenemos enormes ganancias secundarias para el ego; de hecho, ésa es una de las poderosas razones por las que no perdonamos. Por ejemplo: nuestros reclamos y "sufrimiento" harán sentir culpable al agresor y cuanta más culpa sienta, más podremos manipularlo. Una persona que se siente culpable es inmensamente manipulable. Entonces nos dará regalos, nos prodigará chiqueos y atenciones, nos dirá cosas hermosísimas que nos encantará escuchar, nos permitirá maltratarla sin defenderse porque así "lavará" un poco de su culpa.

Y lo peor de todo: no perdonar refuerza constantemente a nuestro ego, su convicción de que somos mejores y superiores que el agresor. "Yo soy el bueno, tú eres el malo". ¡Qué juegos tan sucios nos jugamos a nosotros! ¡Y qué precios pagamos! porque nos enferman, nos envenenan y nos alejan del amor, de la paz, la abundancia y la felicidad.

Hace un par de días, durante un curso que impartí, estábamos trabajando en un proceso de sanar sentimientos. Una mujer me dijo que vivía atormentada día y noche por el resentimiento que tenía hacia su esposo y que realmente quería sanarlo. Expresaba: "Le pido tanto a Dios que me libere de esto, pero me sigo sintiendo igual".

Para llevarla a reconocer sus ganancias secundarias que la hacían resistirse a aceptar esa ayuda divina y sanar su resentimiento, le indiqué: "Bueno, como dice Gerald G. Jampolsky, puedes perdonar en un segundo si quieres, o en años si ésa es tu decisión. ¿Realmente quieres perdonar, ¡ya, de una vez por todas!?" Obviamente titubeó, pues la verdad es que no quería perdonar porque algo obtenía de esto. La verdad es que ella había estado cerrando las puertas a la ayuda divina que decía haber pedido durante mucho tiempo.

Al confrontarle esta reacción de resistencia que tuvo, le dije que debería tomar una decisión y asumir responsablemente las consecuencias. Decidió que no lo perdonaría "todavía", que aún no estaba lista… ¡Y ni te asombres, mi querido lector!, porque a veces tú haces este tipo de cosas… y yo también.

¿Sabes una cosa? ¡Ella está en todo su derecho, y tú y yo también! Pero debemos asumir las consecuencias de *decidir* no perdonar, de *elegir* seguir cargando con esos sentimientos abrumadores que enferman y quitan la paz y la alegría de vivir.

Víctor Frankl afirma al respecto: "Sólo existe el perdón cuando te das cuenta de que en realidad no tienes nada que perdonar". ¡Esto es muy cierto! ¿¡Qué te perdono, por Dios, si yo también te he herido, si *yo también hice mi parte* y jugué el juego!? Porque si me hiciste algo es porque yo lo permití y no puse límites, y no lo hice porque así me convenía.

Si sigues agrediéndome y afectando la vida y aun así sigo permitiéndotelo, es porque me conviene en grado superlativo: ¿será que tolero tus malos tratos y abusos con tal de que me mantengas?, ¿o tal vez porque la soledad me da miedo y no me atrevo a enfrentar la vida por mí mismo?, ¿hay quizá una vida cómoda, una herencia de por medio o una imagen de "buena persona" que tengo que cuidar?

No eres ninguna víctima de nadie y nadie "te hace nada". Simplemente juegas un juego en el cual pagas un precio, a cambio de obtener lo que obtienes: las famosas ganancias secundarias. ¡Dios te libre del papel de víctima! Porque las víctimas sufren... ¡y mucho!, porque quieren, porque es una postura *cómoda* y por lo mismo muy *peligrosa*. Es cómoda porque la víctima no toma la responsabilidad de su propia vida, de su infelicidad ni de sus problemas y la culpa siempre la tendrán otros; y es peligrosa porque esa comodidad puede hacer que te quedes ahí para siempre, cediendo a otros —a los malos— el control de tu vida insatisfactoria y llegando a convencerte de que no puedes hacer nada para mejorarla. Al fin y al cabo, los malos tienen la culpa porque "te hacen sufrir".

Te invito a que revises honestamente esas ganancias secundarias que obtienes cuando no te permites perdonar, solucionar un problema o sanar de una enfermedad, sea ésta en el plano físico, emocional o mental.

Mi invitación es a que cada vez que te escuches a ti mismo expresando cosas como: "me hace...", "me trata...", etc., cambies ese lenguaje de víctima por el sanador *lenguaje responsable* que diría: "yo *permito* que me haga..., que me trate... porque..." y también: "me hace esto, pero yo me las cobro con esto otro". Porque no somos ningunos inocentes: también agredimos, también manipulamos y de mil y una formas nos cobramos las que nos deben... *¡punto!*

Es muy importante, pues, que te cuestiones con toda honestidad por qué sigues atorado en esa enfermedad o problema. ¿Qué pasaría si te alivias o el problema se soluciona?, ¿qué cambiaría en tu vida?, ¿qué tendrías que enfrentar?, ¿qué perderías o ganarías?

CAPÍTULO 4

VERDADES
SOBRE ASUNTOS SOCIALES

Así como en las relaciones interpersonales hay una marcada tendencia a tomar la actitud de víctima, también la hay en muchos temas relacionados con asuntos sociales.

No nos acaba de quedar claro que todos somos responsables de la creación de los problemas sociales, así como de sus soluciones. Nuestra creencia de "separación" nos lleva a suponer que lo que sucede a otros no nos incumbe ni nos afecta… pero no es así.

Podríamos comparamos con las islas que se encuentran sobre el océano: vistas desde la superficie, todas parecen individuos separados, pero por debajo, en lo profundo del mar, están interconectadas y son parte de un mismo bloque de tierra; en consecuencia, todo lo que sucede en una isla afecta a las demás.

Es necesario, pues, que comencemos a ver los problemas y asuntos sociales con ojos responsables y maduros, para poder mirar "más allá" y entender que dichos asuntos son un reflejo magnificado de lo que, en lo individual, cada uno hacemos. De esta forma podremos comprender nuestro papel individual en su creación y solución.

Para aclarar este punto, retomaré una de las leyes universales de las que hablamos anteriormente: la llamada *ley de correspondencia*, la cual establece que "como es en el microcosmos es en el macrocosmos" (como es arriba es abajo, como es adentro es afuera), por ejemplo: un átomo es un sistema solar en miniatura y ambos están regidos por las mismas leyes. El cuerpo humano tiene alrededor de 80% de agua, igual que el planeta donde habita: la Tierra. La sangre del cuerpo humano tiene la misma proporción de sal que la del agua del planeta. Existe una cuestión matemática llamada *serie de Fibonacci*, descubierta por el científico del mismo nombre, la cual muestra que cada vuelta de una espiral se distancia de la anterior de acuerdo con esta progresión numérica. Esto se encuentra en *todas* las espirales existentes, "ya sea la de una galaxia, un repollo o un caracol".

"Bajando" esta ley de correspondencia a la vida cotidiana, veamos algunos ejemplos considerando que el microcosmos es el individuo y el macrocosmos la sociedad (el conjunto de los seres humanos).

Con base en esa idea, diríamos que los problemas sociales, lo que "nos hace" el gobierno, lo que sucede en el mundo, *es un reflejo de lo que, en lo individual, cada uno hacemos.*

En una ocasión, mi hermana Margarita me platicó algo que bien puede ejemplificar este punto: ella contrató los servicios de un carpintero para que renovara las sillas de su comedor. Él le hizo el presupuesto y le pidió un anticipo, diciéndole que regresaría al día siguiente con el material necesario para poner manos a la obra de inmediato. Pasaron varios días y el hombre no llegaba. Las constantes llamadas telefónicas de mi hermana y sus mensajes no eran respondidos.

Por esos días, los mexicanos nos encontrábamos sumamente indignados y enojados porque los noticieros estaban sacando al aire "los trapos sucios" y los actos de corrupción de uno de nuestros ex presidentes, que en su sexenio literalmente saqueó al país. Un día de esos, asombrosamente, mi hermana se encontró al carpintero en la calle, quien ante el reclamo de ella comenzó de inmediato su retahila de excusas y mentiras. Mi hermana lo interrumpió preguntándole: "¿Qué opina usted de nuestro ex presidente?"

El hombre, indignado, contestó: "¡ese maldito #%$#/*&! ¡Merece ser quemado en leña verde! ¡Ladrón, sinvergüenza… &#$%…!", a lo que mi sabia hermana respondió: "Pues usted hace exactamente lo mismo, pero en chiquito porque no tiene poder. ¡Si tuviera poder haría eso y tal vez más!"

¡Qué gran verdad! Lamentablemente, en este mi hermoso y amado país, México (y en muchos otros lugares en el mundo), los ciudadanos tenemos muchísimo que aprender sobre honestidad y compromiso. Los horrendos actos de corrupción que un gran número de nuestros gobernantes han llevado a cabo son como una muestra magnificada de lo que los ciudadanos como individuos hacemos: "Como es en el macrocosmos es en el microcosmos". Nos guste o no reconocerlo... ¡es así!

Si yo preguntara ante una gran audiencia (de hecho lo he preguntado): "¿quién de ustedes roba?", absolutamente nadie levantaría la mano, porque la mayoría de las personas supone que robar solamente significa entrar a un banco con máscara y pistola en mano. Pero ¿quiénes de ustedes distorsionan o falsifican cifras de presupuestos o de viáticos en su empresa?, ¿quiénes se llevan a casa material que pertenece a la compañía?, ¿quiénes se comen en el súper mercado cosas que no pagan?, ¿quiénes cobran a sus clientes por piezas "nuevas" que en realidad no lo son y servicios que en realidad no hicieron?, ¿quiénes abusan de sus clientes que no tienen experiencia en el servicio que están contratando y, por lo tanto, no saben cuál es el precio justo?... y así hasta el infinito. Podríamos escribir un libro sobre las mil y una formas de robo y corrupción que a cada minuto, de cada día, muchas personas realizan.

Lo increíble es que quienes hacen estas cosas siempre tienen excusas para justificarlo. Aún más increíble es que se indignan cuando a estos actos alguien les llama por su nombre: deshonestidad… corrupción… robo.

Hace alrededor de un año escuché a una persona conocida comentar que un electricista muy bueno le estaba haciendo un trabajo en su negocio. Yo necesitaba un electricista porque de un mes a otro mi consumo de electricidad en casa había aumentado de forma significativa (y como consecuencia el costo de mis recibos) y alguien me había dicho que posiblemente se debiera a que tenía un cortocircuito por ahí.

En fin, pedí a esa persona que me pusiera en contacto con su electricista y ella amablemente me lo llevó a casa al día siguiente. Expliqué al hombre la situación y él me dijo que revisaría toda la casa para detectar si había algún corto; en efecto, encontró uno y lo arregló (lo cual, por cierto, resolvió definitivamente el problema). Ya para irse, echó un vistazo al medidor y me dijo: "Si quiere le puedo 'arreglar' su medidor para que marque menos y su recibo le salga todavía más bajo". Yo le respondí: "No, gracias, señor, a mí no me gustan esas cosas chuecas". Pero lo que me pareció increíble fue que el electricista se molestó por la forma como le llamé al asunto y también mi conocida, la cual, en cuanto el hombre se fue, me dijo: "¡Ay, qué bárbara, Martha! ¿Para qué le dijiste que 'cosas chuecas'?, el señor hasta se ofendió".

Todavía, cuando recuerdo esto, simplemente no me cabe en la cabeza. Seguramente ya te imaginas cuál fue mi confrontadora, directa, abierta y clara respuesta, por eso ya ni te la cuento.

Por favor, aceptémoslo, *¡porque es verdad!*: nos quejamos de que el gobierno "nos hace", responsabilizamos al gobierno por todo —y no estoy eximiendo de su culpa a los gobernantes corruptos—, pero lo que éstos hacen es exactamente lo mismo que los ciudadanos como individuos hacemos "en chiquito", como dijo mi hermana.

El siguiente es otro ejemplo de la ley de correspondencia (como es en el microcosmos es en el macrocosmos), que "bajaré" a la vida cotidiana: en mayo de 2004 se llevó a cabo en Guadalajara (la hermosa ciudad donde vivo) la "III Cumbre de América Latina, el Caribe-Unión Europea" (ALCUE), para la cual tuvimos el honor de ser visitados por los presidentes de cada uno de los países participantes.

Desde algunos meses antes de la fecha del evento, se comenzaron a ver cuadrillas de trabajadores por diversos puntos de la ciudad, reparando lo dañado y embelleciendo con luces, plantas, árboles y flores. En el tramo de alrededor de 8 kilómetros, desde el aeropuerto hasta la entrada de la ciudad, se pintó de blanco el machuelo del camellón y se sembraron arbolitos y cientos de bugambilias, que para mi fortuna (ya que voy al aeropuerto con mucha frecuencia) están vivas todavía y colmadas de esas hermosas flores de intensos colores que sólo las bugambilias saben crear.

Dondequiera que yo fuera durante ese tiempo en que la ciudad se preparaba para recibir a tan distinguidos visitantes escuchaba comentarios de indignación de muchas personas, diciendo que arreglaban sólo porque iban a venir los presidentes y nada más emperifollaban las áreas por donde ellos iban a pasar, etcétera.

Es verdad que detrás de estas acciones, nuestros gobernantes nos estaban mandando este mensaje: "Ciudadanos, ustedes no merecen que invirtamos dinero y esfuerzo en embellecer la ciudad para ustedes; lo hacemos sólo porque viene 'la visita'. Si ellos no vinieran, no haríamos nada de esto". Sin embargo, ante las quejas y comentarios de indignación de la gente, yo me preguntaba y les preguntaba: "¿Acaso no es verdad que eso es exactamente lo que haces con tus hijos?"

Cuando recibes visitas, compras botanas caras, cocinas platillos especiales, arreglas bellamente la mesa, sacas la hermosa vajilla y pones en el baño las toallas nuevas. Y por si fuera poco, les adviertes enfática y claramente a tus hijos: "No se coman esto, no usen las toallas, no toquen aquello… ¡porque es para las visitas!"

¿No crees que tus hijos reciben exactamente el mismo mensaje que los ciudadanos de Guadalajara recibimos en aquella ocasión?, ¿no crees que con esa actitud les estás diciendo que las visitas son más importantes que ellos?

¿Y qué sucede cuando uno de tus invitados derrama accidentalmente su bebida sobre tu alfombra o tu sofá? Te pido que por un minuto imagines que reaccionaras exactamente como reaccionas cuando uno de tus hijos lo hace. Visualízate haciendo y diciendo a tu invitado lo mismo que harías o le dirías a tu hijo...

El día que pongas a tus visitas la misma vajilla y las mismas toallas que a tus hijos, porque están hermosas; el día que al comprar esas finas botanas para las visitas compres también para tus hijos o, mejor aún, que aunque no vayas a recibir invitados les compres esas cosas a tus hijos, nada más porque sí; el día que cuando tu hijo derrame algo reacciones con la misma compasión, educación y comprensión que lo haces con tu visita; el universo entero cantará de gozo.

¿Que tus hijos pueden quebrar la vajilla?, ¡claro que es posible!, ¡pero, caramba, ya comprarás una nueva! ¿Que van a ensuciar las toallas? ¡Pues ya las lavarás cuando suceda! ¿No crees que vale la pena el esfuerzo?

La otra faceta de esta ley de correspondencia, el "como es adentro es afuera", aplicada a la vida cotidiana, la veo constantemente en el hecho de que lo que nos sucede "afuera", lo que "nos hacen" los demás, es un reflejo de lo que nos hacemos a nosotros. Es decir, si observamos nuestra vida, veremos que hay etapas en las cuales cierto tipo de experiencia se repite una y otra vez cierto tiempo, por ejemplo, todo mundo nos queda mal en lo que acordamos, nos llegan cargos equivocados en las tarjetas de crédito y otras cuentas, todo mundo nos pide prestado y no nos paga, recibimos agresión por todos lados, etc. Hasta decimos cosas como: "¡Ay, qué rachita traigo!"

Bueno, aunque pareciera que todos esos eventos no tienen nada que ver contigo y simplemente "te están sucediendo", créeme que no es así. La próxima vez que tengas una de esas rachas en que un tipo de experiencia se repite constantemente, detente un momento a analizarla y revisa cuál es el común denominador de lo que hay atrás de esas experiencias: ¿injusticias?, ¿compromisos que no te cumplen?, ¿traiciones?, ¿mentiras?, ¿agresiones?

Luego pregúntate: "¿De qué manera me estoy haciendo eso a mí mismo?, ¿de qué modo estoy siendo injusto conmigo o no cumplo los compromisos que hago conmigo mismo? ¿En qué forma estoy traicionándome, mintiéndome o agrediéndome?" Te sorprenderán las cosas que vas a descubrir y la claridad con que las verás. El mundo externo es un reflejo del interno. Lo que "nos hacen" los demás es un reflejo de lo que nos hacemos a nosotros. "Como es adentro es afuera".

OTRAS VERDADES
INCONFESABLES: LA ENVIDIA

En el apartado "Verdades sobre la pareja" comenté algunos aspectos generales sobre la proyección y aclaré que trataría otras facetas de ella en este espacio.

La razón por la cual insisto en la proyección es mi convicción de que constituye un recurso ¡impresionante!, extraordinariamente útil para crecer y para conocernos. Carl G. Jung dice al respecto:

> [...] el individuo tiene una inerradicable tendencia a deshacerse de todo lo que no conoce y lo que no quiere conocer acerca de sí mismo, adjudicándoselo a alguien más. Nada tiene un efecto más divisivo ni más enajenante sobre la sociedad que esta autocomplacencia y falta de responsabilidad, y nada promueve tanto la comprensión y el acercamiento como el que cada uno se haga cargo de sus proyecciones.

Aun cuando ahora centraré el interés de modo principal en el aspecto de la proyección que tiene que ver con la envidia, comentaré brevemente sus otras facetas, para presentar la idea completa: el hecho de que un comportamiento o rasgo de personalidad que ves en otro te molesta, lo rechazas o se lo quieres cambiar se debe a alguna de las siguientes razones:

a) *También tú lo tienes*, pero no lo has reconocido en ti mismo. El otro te muestra esa parte de ti que no quieres ver.

b) Ese comportamiento o rasgo de personalidad *"reactiva" las heridas de tu vida que no has sanado*, por ejemplo: si creciste en un hogar donde se herían unos a otros mediante el sarcasmo, las bromas pesadas y la ridiculización, muy probablemente sentirás un especial rechazo por las personas que son sarcásticas.

Pero ojo con esto, porque es muy probable que hayas desarrollado también ese tipo de comportamiento y no te des cuenta. Que seas así puede ser la poderosa razón por la cual te molesta. Esto, por cierto, me sucedió a mí. El sarcasmo realmente me desagrada y siempre supuse que se debía a algunos asuntos de mi historia personal. Yo creía que no era sarcástica, casi lo hubiera jurado, pero, increíblemente, hasta hace unos cuatro años descubrí que sí lo era... lo soy (ahora estoy consciente cuando lo estoy siendo y puedo hacer algo al respecto).

c) Te da envidia.

Algunas veces, la razón por la que envidiamos —y, por lo tanto, rechazamos o criticamos— a alguien es muy clara: esa persona tiene algo que nosotros no poseemos (belleza, inteligencia, dinero, éxito, una buena relación de pareja, etc.). En estos casos es fácil entender el porqué de la envidia.

Sin embargo, a veces lo que envidiamos a otro parece estar encubierto y enmascarado detrás de un rasgo de personalidad o comportamiento que catalogaríamos como "malo" e "indeseable". En estos casos no resulta tan claro para muchas personas identificar su envidia, aunque en verdad tengan la voluntad de hacerlo. La primera reacción ante esta idea es: "¡Claro que no tengo envidia! ¡Yo no quiero ser así!" Pero si vemos más profundo, entonces lo entenderemos, por ejemplo: una cosa que me molesta sobremanera (antes más que ahora) es la impuntualidad en general, pero sobre todo en el contexto de mi vida social, como cuando tengo una cita con una amiga o amigo para comer.

Hace unos siete años, me hice consciente de que, por desgracia, la mayoría de las personas son impuntuales y de cómo estaba yo permitiendo que esta situación me afectara tanto en cada ocasión que ¡una vez más! me encontraba en algún restaurante esperando... con mi pobre hígado retorciéndose de molestia. Entonces entendí que tenía que revisar en serio esta situación y tomar decisiones al respecto.

Me quedaba claro que realmente quiero a mis impuntuales amigos (y a los puntuales también) y que con todo mi ser deseo seguir caminando con ellos por la vida. De eso no tenía la menor duda. Entonces, revisé mis alternativas. Una era poner ciertos límites en relación a cuánto tiempo estaba dispuesta a esperar: ¿10 minutos?, ¿20? Decidí que 15, durante los cuales haría algo que me hiciera sentir a gusto con mi espera.

Comuniqué a mis amigos los impuntuales que su impuntualidad realmente me molestaba y había tomado decisiones al respecto, con base en que ellos estaban en todo su derecho a llegar tarde, pero yo también en el mío a decidir si quiero esperar o no.

Ellos entendieron y respetaron mi decisión y esto nos trajo cosas muy buenas a las dos partes, excepto en el caso de una amiga que de plano no tiene remedio. Es una impuntual crónica y por más que cada enero se propone volverse puntual, el deseo le dura menos que un suspiro. Pero en este caso, también soy libre de ver mis alternativas y tomar decisiones. Con base en la realidad, me dije: "Ella es así (extremadamente impuntual), tal vez lo será toda la vida y está en todo su derecho a ser como quiera y yo en todo mi derecho a decidir qué hago al respecto... Así... ¿la tomo tal como es o la dejo?" No tuve que pensarlo ni dos segundos: mi decisión fue tomarla y aceptarla tal como es, porque, aunque me desagrada mucho ese rasgo de su personalidad, el resto de ella es valiosísimo más allá de las palabras y realmente la quiero. Sin duda deseo ir por la vida con esa querida y valiosa persona como amiga.

Sin embargo, quizá la parte más importante en cuanto a mi trabajo con este asunto de mi molestia ante la impuntualidad fue haber descubierto mi proyección en este respecto. Yo me preguntaba: "¿Por qué me molesta a tal punto?" La respuesta parece muy obvia: cualquiera podría decir, sin lugar a dudas, que porque la impuntualidad es una falta de respeto, que es molesto esperar a alguien que no llega a la hora que se comprometió, que la impuntualidad puede ser una forma de agresión pasiva, etc. Pero ésa es la parte superficial del asunto y la que quiero mostrarte es la profunda: ¡por envidia!

Lo anterior no significa que tengo envidia a los impuntuales porque quiero ser así. De hecho, la impuntualidad es un rasgo que no deseo para nada tener; pero envidio lo que está detrás de la impuntualidad, no el comportamiento en sí mismo. Dicho de otra forma, una persona impuntual sabe de sobra hacer algo que no he sabido hacer en mi vida y que en los últimos años he trabajado para aprender: sabe tomar la vida con calma.

Así es: por muchos años manejé una tremenda autoexigencia y sentido del deber que, llevado al asunto de la puntualidad, se traducía en que, si por alguna circunstancia yo no iba con el tiempo suficiente a algún lugar, antes que llegar tarde ponía en riesgo mi vida manejando peligrosamente. Primero acudía a una cita o a trabajar muy enferma que no acudir. A costa de lo que fuera, incluso de mi salud o seguridad, *tenía* que cumplir con "mi deber" muy bien y puntualmente. El sentido del deber, cuando se pasa los límites de lo sano, se vuelve enfermizo y afecta la vida.

Los impuntuales se dan el permiso de tomarse la vida con calma… "si ya voy tarde… pues ni modo…" y no se preocupan, ni se estresan, ni ponen en peligro su vida por ello. Ese permiso es el que yo, por años, no supe darme. Así, cuando rechazas y criticas a un agresivo, date cuenta de que tal vez le tienes envidia no por su agresividad, pues no deseas ser agresivo, sino quizá porque se atreve a decir lo que piensa y tú no. Si no soportas a los conchudos y dependientes, tal vez sea porque eso que a ellos se les da tan fácil: pedir y recibir, a ti te cuesta mucho trabajo. Y así de claro encontrarás la respuesta en cada caso en que sientas envidia.

Un grupo de señoras que se reunía cada mes a comer en un restaurante me contó un día que una de ellas les caía muy mal a todas, que constantemente la criticaban y no la soportaban. Luego me describieron lo que la hacía tan rechazable. Esa mujer se "soltaba el pelo". En cuanto la música comenzaba, sacaba a bailar a los hombres más atractivos del lugar y no paraba de bailar toda la tarde. "Hasta nos avergüenza estar con ella. Estamos pensando en sacarla del grupo", concluyeron.

Como me pidieron mi opinión, se las di: "Independientemente de que decidan sacarla del grupo o no, sería muy bueno que revisaran por qué les cae tan mal", les dije.

Ellas eran un grupo de mujeres con un muy buen nivel de trabajo personal y estaban dispuestas a ver su proyección en esto, lo cual las llevó a reconocer que la criticaban y rechazaban porque le tenían envidia no porque quisieran comportarse como ella (o quizá sí), sino por lo que había detrás de ese comportamiento: ¡libertad! Esa mujer sabía darse el permiso de hacer lo que quería... lo cual es muy difícil para las mujeres, que siempre tenemos que reprimirnos para cuidar la imagen y ser catalogadas como "buenas mujeres".

La envidia es muy difícil de reconocer, porque nos consideramos horrendos cuando la sentimos. ¡Hasta es un pecado capital! "Sentir envidia nos avergüenza tanto, que nunca nos atrevemos a confesarlo", dice La Rochefoucauld. ¿Quién desearía reconocer que la siente? ¡Eso sólo les sucede a "los malos"!; sin embargo, la verdad es que todos la experimentamos a veces o constantemente en la vida.

La envidia, desde mi punto de vista, puede ser una fuente de amargura o una gran aliada para crecer, aprender y realizar. Yo digo que la envidia es una mensajera del alma, mediante la cual ésta nos muestra los aspectos de nuestra vida que no estamos atendiendo y en los que es necesario trabajar para mejorar o sanar.

Algunas de las experiencias más maravillosas que he tenido en la vida y de las cosas más satisfactorias que he realizado se debieron a mi envidia y mi decisión de aprender de ella y usarla para crecer.

APROVECHAR LA ENVIDIA PARA CRECER

He encontrado que lo que voy a compartirte en este espacio funciona muy bien para mí. Asimismo ha funcionado para muchos de mis pacientes y alumnos y es posible que también para ti; no obstante, tómalo como una base sobre la cual puedes construir tus formas.

El primer paso para convertir la envidia en una aliada para crecer es reconocer que la sientes. Sentir envidia no te hace malo o despreciable, sino que es una condición humana y como tal tiene una función y propósito, como ya lo comentamos.

El segundo paso es identificar lo que envidias, para que encuentres el mensaje que tu alma quiere darte, es decir, qué parte de tu vida necesita ser atendida.

El tercer paso es —aunque al ego no le gusta— reconocerle verbalmente a la persona que envidias ese rasgo que le admiras, por ejemplo: "te felicito por tus logros y tu éxito profesional", "¡qué bonito cuerpo tienes!", "tu presentación estuvo de primera", "tienes un carisma increíble con la gente", "felicidades por tu nuevo puesto", etc. Las sensaciones que experimentarás al hacer esto serán muy agradables, sanadoras y hasta conmovedoras, ya lo verás.

El cuarto paso es preguntar a la persona respecto a lo que le envidias... pedirle que te enseñe: "¿cómo le haces para tomarte la vida con calma y ser paciente?", "¿cómo has logrado tener la valentía de correr riesgos para realizar tus sueños?", "¿cómo le haces para ser fiel a ti mismo sin importarte el qué dirán?", "¿qué haces para mantener tu cuerpo tan bello?", "has construido una hermosa relación de pareja, ¿cuáles son tus secretos?"

Como siempre, es necesario tener claro que toda la vida seguiremos proyectando en otros nuestros asuntos y reaccionando ante ello. Lo importante es, pues, no suponer que esto que forma parte de la vida desaparecerá, sino darnos cuenta cuándo sucede, tomar nuestra parte de responsabilidad y apreciar y honrar este hecho inevitable.

Utilizar la proyección para sufrir y culpar a otros, o para crecer y conocerme, es mi decisión.

LAS DESPRECIABLES EXCUSAS

Las excusas son tanto una enfermedad que se ha apropiado de los seres humanos, como un comportamiento indeseable que refleja inmadurez y falta de responsabilidad, de integridad y de compromiso, porque al expresarlas culpamos a algo o a alguien de nuestros errores, limitaciones e indecisión.

Las excusas son como cadenas que no nos dejan avanzar, porque cuando las usamos no aprendemos nada, ni descubrimos nada, ni nos responsabilizamos de nada, ni nos comprometemos a nada. Una excusa, sea cual fuere, lleva dentro la convicción personal de que algo o alguien, pero no uno mismo, es responsable de lo que sucede o de lo que uno ha hecho... o dejado de hacer.

Por sucesos de mi historia personal, he desarrollado un enorme sentido de justicia que, te confieso, a veces resulta sumamente doloroso y frustrante. Soy de alguna manera muy vulnerable a las excusas y cuando las escucho (incluso de mí misma) me molestan sobremanera.

¡He escuchado tantas! (algunas pronunciadas por mí misma) que hasta podría escribir un tratado al respecto.

Al analizarme a mí en primer lugar y luego a otras personas, me he dado cuenta de que cuando inventamos excusas, lo hacemos por miedo, porque sabemos que hemos cometido un error y tenemos miedo a la desaprobación y el rechazo. Los seres humanos hemos desarrollado la absurda convicción de que cometer un error, olvidar algo o no saber algo nos hace despreciables o de alguna manera inferiores.

Para protegernos de esa intolerable sensación que experimentamos cuando somos juzgados y desaprobados, inventamos excusas. Culpamos a nuestros seres queridos, al tráfico, al gobierno, al clima, a las circunstancias, a nuestros compañeros de trabajo y a la vida por nuestros actos y por la clase de vida que tenemos.

Inventar excusas para encubrir nuestros errores y limitaciones nos causa además un enorme estrés, porque quedamos atrapados en una historia que deberemos seguir sosteniendo por medio de más mentiras y más excusas y que casi siempre termina desmoronándose, saliendo a la luz lo que es la pura verdad: *¡cometimos un error!*

En la medida en que maduramos y crecemos interiormente, nos volvemos menos vulnerables al hecho de cometerlos y a pedir disculpas cuando lo hacemos, a mostrar nuestra sombra y a que los demás sepan que tenemos defectos y limitaciones. Y casi por añadidura va desapareciendo nuestra tendencia a inventar excusas, o por lo menos nos damos cuenta cuando lo estamos haciendo, lo cual nos permite modificar esa conducta en el preciso momento en que estamos presentándola.

Casi dondequiera que uno vaya y casi con quienquiera que uno interactúe escuchará toda clase de excusas. Algunas me impresionan por lo absurdas e infantiles que son.

Hace un par de meses una persona con quien yo trataba un asunto profesional, llamó a mi celular y en cuanto contesté la llamada me dijo: "¡Ay, Martha, gracias a Dios que me contestas! ¡Tengo tres días buscándote!..."

"¿Y por qué no me encuentras?, le respondí, "¡soy absolutamente localizable!"

"Mi asistente me acaba de decir que te ha estado buscando en tu casa, en tu celular y hasta te mandó un correo electrónico porque le dije que me urgía hablar contigo, pero que no te has reportado a sus llamadas o mensajes", me contestó.

Le aclaré que no había recibido ninguna llamada o mensaje de su asistente y de inmediato ambos supimos que la susodicha simplemente había olvidado llamarme y cuando su jefe la cuestionó al respecto, en lugar de reconocer su error, pedir disculpas por ello y solucionarlo de inmediato, inventó esa historia de que no me encontraba, poniendo esa responsabilidad en mí, para evitarse el regaño que de todas maneras recibió, aunado a que perdió credibilidad y empañó su imagen profesional.

...Y de esas... ¡por miles!... tristemente.

¡Caramba!... ¿Por qué no simplemente decir: "llegué tarde porque no salí de casa a tiempo, discúlpame", en lugar de echarle la culpa al tráfico? ¿Por qué no reconocer que no se tuvo ese reporte a tiempo por falta de una organización adecuada, en lugar de decir que fue porque "no sé quién hizo no sé qué? ¿Por qué no pedir disculpas por haber olvidado hacer algo, en lugar de culpar a otros?

¿Que no siempre los demás reaccionan con comprensión ante nuestros errores? Es cierto. ¿Que tal vez habrá consecuencias desagradables? También es verdad. Pero ¡ni modo! La vida es así; además, esas consecuencias nunca se compararán con el estrés y la vergüenza que internamente sentimos cuando por cobardía encubrimos nuestras faltas con excusas.

Decir *la verdad* y reconocer nuestros errores cuando los cometemos es una de las situaciones en las que más claramente experimentamos eso de: *"La verdad* os hará libres".

LA FALTA DE COMPROMISO

Hasta hace unos meses, yo tenía cierto concepto acerca de una persona (llamémosle Sandra). La admiraba enormemente porque jamás se involucraba en chismes ni se prestaba a conversaciones en las que se criticaba a alguien. Realmente la admiraba por eso —y todavía lo hago porque tiene mucho por lo cual ser admirada.

No obstante, una situación que sucedió hace poco me hizo darme cuenta de que específicamente ese rasgo de no involucrarse en chismes o conversaciones enjuiciadoras, más que deberse a madurez y sabiduría, se debía a miedo y falta de compromiso. La situación que me reveló esto fue que una persona muy cercana a Sandra inventó una impresionante retahíla de falsas acusaciones sobre su hermana. Los inventos ensuciaban injustamente la imagen de la acusada y tenían el único propósito de proteger la imagen de la mentirosa acusadora, encubriendo ciertos errores que había cometido.

Mientras Sandra me platicaba, mi indignación crecía y esperaba ansiosa el momento de escuchar lo que ella, quien sabía que todo eso era mentira, había respondido o hecho. ¡Pero no respondió *nada*... no hizo *nada*! aun sabiendo que todas esas historias que en verdad afectaban a su hermana eran falsas. Cuando le cuestioné cómo pudo entrar a ese juego sin hacer o decir nada, me respondió: "Es que esas cosas me dan miedo".

Para sostener nuestra opinión, nuestra palabra y hasta nuestras críticas, se necesita compromiso, algo de lo que los seres humanos actualmente estamos en crisis.

No sé si tengo razón, pues sólo hablo con base en lo que veo. ¿Qué ha pasado con esos hombres (y mujeres) cuya palabra era suficiente para saber que cumplirían con algo?, ¿por qué muchos ni firmando la cumplen?, ¿por qué hablamos como si las palabras fueran sólo sonidos sin fuerza ni significado?, ¿por qué con esas palabras pronunciadas vanamente establecemos compromisos que van desde un: "te llamo mañana", "te lo mando el viernes", "te pago el día 15" hasta un: "te doy mi palabra"… que luego, con la mano en la cintura, no cumplimos?, y, peor aún, ni siquiera damos la cara para disculparnos por no haberlo hecho. Algunas personas incluso, en el momento en que expresan el compromiso, ya saben que no van a cumplirlo.

Estas cosas suceden todos los días en todas partes; se han convertido en lo "normal". Cuando encuentro una persona que cumple lo prometido, que llega a la hora en que quedó, que llama cuando quedó en llamar y que hace lo que quedó en hacer, la valoro como se valora un vaso de agua en el desierto.

Hace unos días dije a una persona de este tipo que recientemente conocí: "No te imaginas cuánto valoro y disfruto interactuar contigo, que cumples lo que dices". Y me respondió: "Ay, Martha, yo siento igual respecto a ti. Hace poco le estaba diciendo a mi esposa que necesitaba con urgencia conocer a personas que tuvieran palabra, porque estaba a punto de perder la confianza".

Pero entiéndeme bien, querido lector: no quiero decir que lo hago bien y los demás mal, que soy del todo congruente, que cumplo todo lo que digo y que nunca invento excusas. Lo totalmente cierto es que he hecho un compromiso con *la verdad*, con la autenticidad y con la integridad, que en el fondo quizá sean lo mismo.

Este compromiso significa que *tengo la absoluta voluntad* de reconocer cuándo estoy siendo incongruente, inventando excusas o autoengañándome, y modificar de inmediato esa conducta. ¿Algún día mis patrones de autoengaño e incongruencia, aprendidos y repetidos durante años, desaparecerán del todo? Creo que sí, pero ¿quién podría asegurarlo? De lo único que tengo la certeza es de mi decisión de respetar mi compromiso de abrazar y ser fiel a *la verdad* que amo... *La verdad* que me hace libre.

¿CÓMO VAMOS A "SALVAR" AL MUNDO?

¿Necesita el mundo ser "salvado"? Suponer que sí implica estar convencidos de que el mundo, tal como ahora es, está descompuesto.

Si vemos cualquier situación desde una perspectiva muy profunda y amplia, entenderemos que todo está bien como está, porque es justamente lo que necesitamos para aprender las lecciones que tenemos que aprender y evolucionar.

No cometamos la falta de respeto de suponer que la vida está mal y equivocada. Teresa de Calcuta dice al respecto: "Servimos a la vida no porque esté descompuesta, sino porque es sagrada".

No obstante, la tendencia a la evolución nos lleva a sentirnos incómodos en determinado estado, cuando llega el momento de avanzar a otro. El hecho de que muchas personas sufran en la tierra y de que hayamos creado múltiples problemas en el mundo revela que es tiempo de tomar conciencia, de hacer ajustes en muchos aspectos de la vida, de conectarnos con la Luz y abrir nuestros centros superiores para el amor.

¿Qué podrías tú o qué podría yo aportar para lograrlo? ¡Muchísimo más de lo que a simple vista pudiéramos ver!

Existen muchos niveles de comunicación entre los seres humanos, aunque por lo general sólo llamamos así al nivel verbal, el de las palabras, a pesar de que éste ocupa sólo alrededor de 15% de nuestra comunicación. El lenguaje corporal —postura, gestos, voz, respiración, mirada, etc.— es también comúnmente conocido. Sin embargo, hay otros tipos de comunicación, mucho más sutiles, entre ellos la telepatía, que es aceptada por la ciencia. Más aún, existen otros niveles todavía más sutiles, que aunque no puedan ser validados científicamente, puesto que son intangibles e invisibles, son y existen, como muchas cosas de la vida que la ciencia tampoco puede probar.

En el interesantísimo libro *Una nueva ciencia de la vida*, que recomiendo ampliamente, su autor, el científico Rupert Sheldrake, describe un gran número de experimentos que nos dejan sin habla y que él llevó a cabo por un periodo de 50 años. Con ellos sustenta su teoría llamada de *resonancia mórfica*, la cual propone que existe una especie de memoria colectiva entre los miembros de una especie, que es, digámoslo así, heredada de sus antepasados y que moldea la conducta de los individuos futuros. Dicha herencia se basa no en la genética sino en los campos mórficos, que, según Sheldrake, son un vínculo que existe entre los miembros de una especie y que actúa en un nivel subcuántico fuera del espacio y el tiempo, lo cual permite transmitir información entre organismos de la misma especie.

Mediante ese proceso de resonancia mórfica, el pasado se hace presente y conlleva a transmitir influencias invisibles. "Las cosas son como son porque fueron como fueron", dice

Sheldrake y continúa: "En el reino humano, un concepto de este tipo ya aparece en la teoría junguiana del inconsciente colectivo como memoria colectiva heredada". Así, cada vez que un miembro de una especie aprende un comportamiento nuevo, cambia el campo morfológico de la especie. Y aunque al principio este cambio es casi imperceptible, si el nuevo comportamiento continúa repitiéndose durante cierto tiempo, su resonancia mórfica afectará a la especie entera.

En ese orden de ideas, el concepto clave de resonancia mórfica es que cosas similares influyen sobre cosas similares a través del espacio y el tiempo. El grado de influencia será mayor cuanto mayor sea el grado de similitud. Veamos algunos ejemplos:

En África, ciertos árboles fueron "atacados" por animales que devoraron sus hojas y los dejaron sin follaje, por lo cual, para protegerse, aumentaron la producción de tanina en sus hojas, sustancia química que las hace incomibles para los animales. Otros árboles de la misma especie, situados a kilómetros de distancia, también incrementaron la producción de tanina en sus hojas, como si hubieran sido "avisados" (de hecho lo fueron) por sus "hermanos".

El científico Lyall Watson relata un interesante suceso que observó en una colonia de monos en una isla cercana a Japón. Él comenzó a ofrecer a los monos papas recién sacadas de la tierra, pero ellos las rechazaron por estar sucias. Cierto tiempo después, una mona de 18 meses comenzó a lavar las papas en el río y luego su madre y algunos otros monos empezaron a hacer lo mismo. Este nivel de aprendizaje se mantuvo inalterado durante algún tiempo, hasta que la cantidad de monos que aprendieron a lavar las papas alcanzó cierto número. De repente, todos los monos de la isla lo adquirieron.

El aprendizaje de este nuevo comportamiento no sólo se quedó ahí, sino que monos de otras islas separadas por muchos kilómetros entre sí comenzaron a hacerlo también. Los monos de la primera isla lo aprendieron por imitación y los de las demás islas, sin duda alguna, por resonancia mórfica.

Así, cuando un número suficiente de miembros de la misma especie adquiere un nuevo aprendizaje o comportamiento, todos los miembros de la especie lo adquirirán. Esta verdad me conecta con una convicción que, cuantos más años vivo, más clara y fuerte se vuelve:

Lo mejor que puedo hacer por las personas que amo y por este planeta que amo, lo mejor que puedo aportar a la raza humana es ser lo más sana posible, lo más feliz posible, lo más auténtica posible. Ser fiel día a día a mi compromiso con la verdad, hacer lo que hago lo mejor que pueda y con el mayor amor que sea capaz. La solución a los problemas mundiales empieza conmigo misma... con la solución a mis problemas individuales, porque todo lo que hago, soy y logro repercute en los demás seres humanos... para bien o para mal.

He leído citas de varios grandes promotores de la paz mundial, expresadas en todos los idiomas, que concluyen en lo siguiente: la paz del mundo será una realidad cuando cada ser humano esté en paz. Dentro de cada uno comienza la paz mundial.

Deja ya de querer cambiar a los demás... ¡cambia tú! Deja de querer mandar a terapia a tu pareja o a tus hijos... ¡ve tú! Deja de tratar de que los demás dejen de hacer ciertas cosas que consideras indeseables... ¡tú deja de hacer las cosas indeseables que haces!

Tomar nuestra responsabilidad nos libera y nos vuelve compasivos y tolerantes. Cada vez que te descubras criticando a alguien, reconoce la parte de ti que estás viendo proyectada ahí; luego, en lugar de esperar que el otro cambie ese comportamiento, cámbialo en ti si así lo decides. *Nunca* podremos cambiar a los demás, ni tenemos derecho a hacerlo, pero sí a nosotros... si queremos.

Este país, el mundo entero, evolucionará cuando cada individuo lo haga, así como cuando entienda y tome de una vez por todas su parte de responsabilidad en la creación de los problemas y su solución.

Cuando cada persona cumpla lo que dice, haga lo que le toca hacer lo mejor posible, respete sus compromisos, deje de autoengañarse, se responsabilice de sus errores, deje de ser corrupto y sea en cambio honesto y auténtico, la vida fluirá armoniosamente para todos.

¿Es esto utopía?… tal vez, pero yo amo y respeto la utopía, porque abre las puertas de la vida, porque aquieta los miedos y vence las creencias limitantes.

Ella (la utopía) está en el horizonte. Me acerco dos pasos, ella se aleja dos pasos. Camino diez pasos y el horizonte se corre diez pasos más allá. Por mucho que yo camine, nunca la alcanzaré. ¿Para qué sirve la utopía? Para eso sirve: para caminar.

EDUARDO GALEANO

Esta obra se terminó de imprimir
en el mes de abril de 2025,
en los talleres de Grafimex Impresores S.A. de C.V.,
Ciudad de México.